Santiago Conde Gallego

Consagración a la Inmaculada

NOVENA DE PREPARACIÓN

Santiago Conde Gallego

Consagración a la Inmaculada

NOVENA DE PREPARACIÓN

EDIBESA

CONSAGRACIÓN A LA INMACULADA

© Santiago Conde Gallego

© Editorial San Esteban - Edibesa, 2024

© EDIBESA

SEDE SOCIAL Y EDICIONES
Plaza Concilio de Trento s/n
37001 Salamanca
Tel.: +34 923 215000 - 923 264781
www.sanestebaneditorial.com
info@sanestebaneditorial.com

ADMINISTRACIÓN Y COMERCIALIZACIÓN
C/ Juan de Urbieta, 51
28007 Madrid
Tel.: +34 913 451992
info@edibesa.com

ISBN: 978-84-19640-58-1
Depósito legal: M 16.661-2024
Impreso en España. Printed in Spain

Maquetación y diseño de cubierta: Helvética edición y diseño
Impresión: Gráficas Dehón

Imagen de cubierta: Inmaculada, propiedad
    de las Siervas del Evangelio (Granada)

Índice

Oraciones

Apéndice. Textos en latín

Prólogo

Con gozo, tengo el honor de prologar este texto que nos guía en una preparación de nueve días para consagrarnos a la Inmaculada Virgen María. Este libro, escrito por D. Santiago Conde Gallego, sacerdote de la Archidiócesis de Toledo, surge como una respuesta a la búsqueda espiritual de nuestro tiempo, ofreciendo un camino de renovación a través de la consagración a la Madre de Dios.

La consagración a la Virgen María es un tema que ha resonado hondamente en la historia de la Iglesia, desde San Ildefonso de Toledo, el "esclavo de la Esclava de mi Señor", hasta alcanzar su punto culminante de presentación doctrinal en San Luis María Grignon de Monfort. En este último período de la historia de la Iglesia, dos santos polacos han contribuido enormemente a difundir la consagración a la Virgen Santísima: San Maximiliano María Kolbe, el "loco de la Inmaculada", y el Papa S. Juan Pablo II quien, en su profunda devoción mariana, adoptó como lema de su ministerio "Totus Tuus" (Todo Tuyo), expresando así su total entrega a la Madre de Cristo. El libro que tenemos entre manos se sumerge en la riqueza espiritual de la consagración mariana como un camino de encuentro con la gracia divina.

En un mundo marcado por el dolor y la desolación, la consagración a la Virgen María se presenta como un faro de esperanza. Considero que lo más novedoso de esta obra es la presentación de la consagración a la Inmaculada como verdadero camino de sanación interior. Es una llamada a confiar en la poderosa intercesión de María, Madre de Dios, permitiendo que su amor nos guíe hacia una comunión más profunda con el Señor y nos brinde consuelo en medio de las pruebas de la vida.

El libro tiene la habilidad de hacer accesible, por medio de un lenguaje sencillo y cercano, una profunda y sólida teología, invitándonos a abrir nuestros corazones a la presencia amorosa de María en nuestras vidas y recordándonos que, en medio de nuestras debilidades y dificultades, podemos encontrar fortaleza y consuelo en el regazo de la Madre de Dios.

Que estas páginas sean un refugio para el alma cansada, un oasis de paz en medio de la turbulencia del mundo. Que aquellos que se sumerjan en este viaje de consagración encuentren en María no solo a una Madre amorosa, sino también a una Hermana y una Amiga en su camino hacia la plenitud de la vida en Dios.

Mons. Francisco Cerro Chaves
Arzobispo de Toledo

Introducción

Y vi un cielo nuevo y una tierra nueva... Y vi la ciudad santa, la nueva Jerusalén que descendía del Cielo, de parte de Dios, preparada como una esposa que se ha adornado para su esposo... Y dijo el que está sentado en el trono: "Mira, hago nuevas todas las cosas... Hecho está. Yo soy el Alfa y la Omega, el principio y el fin. Al que tenga sed yo le daré de la fuente del agua de la vida gratuitamente. El vencedor heredará esto: yo seré Dios para él, y él será para mí hijo". (Apocalipsis 21,1.2.6-7).

Todos los años, en la noche santa de Pascua, vuelve a bendecirse el fuego y el Cirio Pascual, símbolo de Jesucristo resucitado, haciendo referencia a esta preciosa imagen que recoge el Apocalipsis o a la aparición del Resucitado en el Cenáculo: Jesucristo resucitado con sus santas llagas abiertas, nos comunica la paz y nos llena de alegría. Él está vivo, ¡es nuestro Salvador! **Jesucristo, con su Cruz y Resurrección, ha hecho nuevas todas las cosas, ha restaurado nuestro corazón.** La redención de Cristo es una nueva creación; de modo que nuestra vieja condición de pecadores ha sido renovada en Cristo: "si alguno está en Cristo es una criatura nueva. Lo viejo ha pasado, ha comenzado lo nuevo" (2 Co 5,17). Con Él y por Él llegamos a ser una "nueva criatura", somos hijos de Dios, Él es el Primogénito de muchos hermanos (cf. Rm 8,29).

Ésta es la gran verdad que alegra el corazón y lo colma de esperanza: **con Él podemos volver a nacer**. El bautismo es el inicio de esta nueva vida llamada a renovarse constantemente en el corazón, porque el bautismo no es solo un sacramento de nuestro pasado, sino que su gracia permanece. De modo que si después de este sacramento volví a perderme… ¡El Señor quiere volver a rescatarme! Siempre podemos volver a nacer, nunca es tarde para empezar a cambiar, ¡siempre hay esperanza! Pero de esto ya hablaremos más adelante. De momento, quédate con esta gran verdad: **lo que nos define como personas no es nuestro pecado ni nuestros errores**, por muchos que sean, **sino el amor de Dios que nos creó**. Dios amó lo que creó, de modo que tú existes porque Dios te amó; ninguna vida es un error, sino un regalo de Dios para el que la recibe y para el mundo. Por eso, siempre es tiempo de volver a comenzar, porque Dios nos renueva con su amor. En esta novena **queremos recuperar y afianzar esta verdad y esta gracia entregándonos a María**.

¿Por qué a Ella? La Virgen María es la primicia de esta nueva creación. Ella es la Inmaculada, la Mujer nueva prometida en el Paraíso como signo de la victoria de Dios; la Mujer revestida de sol, radiante de limpia hermosura, con la luna a sus pies, coronada de estrellas y que en el Apocalipsis se nos muestra como un signo de la victoria del amor de Dios (cf. Ap 12,1). Ella es la señal que Dios nos ofrece de su poder y misericordia para levantar nuestra esperanza y soñar con las grandes cosas que quiere y puede hacer en nuestro corazón.

Por eso... ¡mírala!, ¡Ella es tu Madre! Ella es Madre y Reina, como cantamos en la Salve o como dice el himno de la Virgen de Covadonga, que ejerce su maternidad llena de misericordia y con gran poder. No solo es Madre porque dio a luz a Jesús en Belén, no solo es Madre porque colaboró activamente con su Hijo en nuestro nacimiento en el Calvario; no solo es Madre por una colaboración puntual para darnos la vida nueva de una vez en el bautismo... Es Madre en todos estos sentidos y algo más. Ella es siempre Madre de gracia. Su maternidad divina es el fundamento de su maternidad espiritual sobre nosotros, y esta la ejerce con gran poder y misericordia, como fuente de vida que constantemente renueva el corazón. De modo que la Inmaculada actúa también ahora en nuestra vida para restablecer la vida nueva en el corazón herido, ya que tiene el poder de levantarnos de la oscuridad de nuestras inclinaciones para hacernos renacer a una vida inocente. Ella devuelve la esperanza y la alegría.

En alguna ocasión, decía san Maximiliano María Kolbe que la Orden franciscana se había empeñado mucho tiempo en defender y luchar para que el dogma de la Inmaculada fuera definido, y que ahora era el tiempo de vivirlo. Sí, es el momento de vivir el significado del dogma de la Inmaculada, y de todos los dogmas marianos. Y es que, según el antiguo aforismo cristiano que se remonta al s. V, "lex orandi, lex credendi".

Así pues, podemos decir que si Ella es Inmaculada es porque Dios pudo y quiso prepararse una Madre inmaculada para su Hijo… y también para nosotros. Convenía que Ella recibiese anticipadamente los tesoros de la redención de su Hijo. Y esta verdad está en relación con nuestra vida. La Virgen ha sido constituida mediadora y dispensadora de todas las gracias de Cristo para nosotros. **Ella es la que colabora con su Hijo para engendrar en nosotros el corazón nuevo**, el corazón de hijo de Dios, o para limpiarlo y restaurarlo cuando está manchado o herido. Y eso lo hace cuando le damos nuestro corazón por la consagración.

Consagrarse a María es entregarle la propia vida, lo que somos y tenemos, nuestro cuerpo y nuestra alma; con su pasado, su presente y confiándole también nuestro futuro, para que Ella realice su misión de llevar a plenitud nuestra vocación de ser hijos de Dios. Podemos aplicar aquí a María lo que Santa Maravillas de Jesús decía refiriéndose al Señor: **"Si tú le dejas, qué bien lo hará"**.

Comenzar esta novena es una forma sencilla de preparar la **Consagración a la Inmaculada**, que se ocupará de renovar la vida de la gracia en nuestro corazón; es un **"camino espiritual"** que marcará un antes y un después en tu vida. Prepárate para dar a la Inmaculada lo que le pertenece: la propia vida, porque Ella es tu Madre, la que te dio a luz junto a la Cruz. Eres de la Virgen. Ella ayudó a su Hijo a conquistar tu corazón. Por eso, es Ella la que hoy te asegura como a san Juan Diego: "hijo mío el más pequeño, que es nada lo que te asusta y aflige, no se turbe tu corazón, no temas esa enfermedad, ni otra alguna enfermedad y angustia. ¿No estoy yo aquí que soy tu Madre? ¿No estás bajo mi sombra? ¿No soy yo tu salud? ¿No estás por ventura en mi regazo? ¿Qué más has menester? No te apene ni te inquiete otra cosa" (Palabras de la Virgen de Guadalupe a san Juan Diego, Cuarta aparición).

Elige un día para realizar este acto de entrega a la Inmaculada y comienza esta novena de preparación "con grande ánimo y liberalidad", como diría san Ignacio en sus Ejercicios Espirituales. Desde ahora mismo comencemos a mirar a María, la Estrella que brilla y guía nuestro camino, la que incluso brilla más en medio de la oscuridad. Da igual como empieces esta novena, **lo importante es que dejes que Ella empiece su obra de sanación y santificación**. No temas, porque Ella dijo en Lourdes: "Yo soy la Inmaculada Concepción".

Esquema

PARA TODOS LOS DÍAS

Si es posible, se recomienda rezar todos los días el **Santo Rosario** *y participar en la* **Santa Misa**.

ORACIONES INICIALES
(Invocación al Espíritu Santo)

Comenzaremos **invocando al Espíritu Santo,** *artífice de la santificación. Así como María Virgen engendró a Cristo por obra y gracia del Espíritu Santo, ellos formarán también en nosotros un corazón de hijo de Dios.*

Elegimos una de las oraciones: "**Veni Creator**" *(pág. 81); o* "**Secuencia de Pentecostés**" *(pág. 82); que termina con la invocación común.*

Si se reza el **Rosario** *dentro de la Novena, este es el momento.*

MEDITACIÓN DEL DÍA

Leemos y meditamos los textos correspondientes *al día de la Novena.*

1º	2º	3º	4º	5º	6º	7º	8º	9º

Leemos el **Evangelio**, *la* **meditación** *y los* **textos de los santos**.

> *Recuerda que no es necesario leer todos los "textos de los santos"; lo importante es que lo hagamos en un clima de oración y reflexión, dejando que la palabra cale en nuestro corazón, porque como decía san Ignacio de Loyola en los Ejercicios: "no el mucho saber harta y satisface el alma, sino el gustar internamente las cosas de Dios" (EE).*

ORACIONES FINALES
(A la Virgen María)

Rezamos una de las **oraciones marianas**: "Ave Maris Stella" (*pág.* **84**) *o* "Magnificat" (*pág.* **84**).

Termina con las "Alabanzas a la Inmaculada" y la *oración final* (*pág.* **86**).

Una vez finalizada la Novena, nos consagraremos a la Inmaculada leyendo los textos de la página **88**).

Textos

PARA CADA DÍA DE LA NOVENA

DÍA 1º

TEXTO BÍBLICO

Jn 3,1-7: *Nicodemo*

Había un fariseo llamado Nicodemo, jefe judío. Este fue a ver a Jesús de noche y le dijo "Rabí, sabemos que has venido de parte de Dios, como maestro; porque nadie puede hacer los signos que tú haces si Dios no está con él". Jesús le contestó: "En verdad, en verdad te digo: el que no nazca de nuevo no puede ver el reino de Dios". Nicodemo le pregunta: "¿Cómo puede nacer un hombre siendo viejo? ¿Acaso puede por segunda vez entrar en el vientre de su madre y nacer?". Jesús le contestó: "En verdad, en verdad te digo: El que no nazca de agua y de Espíritu no puede entrar en el reino de Dios. Lo que nace de la carne es carne, lo que nace del Espíritu es espíritu. No te extrañes de que te haya dicho: "Tenéis que nacer de nuevo".

Necesitamos volver a nacer

Cuántas veces en nuestra vida experimentamos el peso de nuestros años. El tiempo nos va dejando experiencia, pero también heridas. Las consecuencias de nuestros malos actos, de nuestros pecados, se hacen patentes en nuestro corazón. Y sentimos que nos gustaría volver hacia atrás las agujas del reloj para evitar aquello que de forma más o menos consciente, con mayor o menor voluntad, marcó nuestra vida y a veces se ha convertido en un obstáculo para seguir hacia adelante y ser feliz. Nuestra vida está envejecida, y no por los años, sino por el pecado. Esta fue la experiencia de Nicodemo, aquel amigo oculto de Jesús que, después de la Cruz, ungió el Cuerpo muerto del Salvador y participó en su sepultura, junto a la Virgen Dolorosa, experimentando la nueva vida de la que el Señor le habló. ¿También tú querrías "volver a nacer" como el anciano Nicodemo? El Señor te está ofreciendo esta gracia: volver a ser un niño inocente a los ojos de Dios, porque solo los que son como niños entrarán en el Reino de Dios. Hay que volver a ser niños, hay que volver a nacer. Ser como un niño es vivir en la confianza de que todo lo recibimos de Dios.

Jesús le mostró a Nicodemo, y hoy a nosotros, que Él ha venido para darnos una vida nueva. No solo una vida natural, como la de este mundo, pero sin manchas ni heridas; sino una vida nueva, más elevada, en la que incluso las manchas y heridas sean transformadas en un signo de amor. Por eso Jesús fue herido por nuestros pecados: Él cargó con nuestros pecados y fue herido por nuestro amor. Así, las llagas de su Pasión fueron las heridas que nos curaron, y quedaron en su Cuerpo resucitado como el signo de que también nuestro "hombre viejo" puede ser transformado en un "hombre nuevo", como señal de la victoria del amor. Entonces, incluso nuestros pecados perdonados, nuestras heridas curadas, se convertirán en una manifestación de la gloria de Dios: la transformación de nuestra vida mostrará el poder y la misericordia de Dios.

Un día recibimos este regalo por el bautismo, pero quizá nuestra historia manchó el vestido nupcial que nos regaló la Iglesia, y la gracia bautismal quedó empañada por la culpa. La consagración a la Virgen es un camino que Dios nos ofrece para restaurar nuestro corazón herido, para preservarlo y hacerlo crecer como hijo de Dios. Ella, la Inmaculada, con su amor de Madre y su poder de Reina, transformará tu corazón.

San Luis María Grignon de Montfort

El Secreto de María, nn. 24-29

Para subir y unirse a Él, preciso es valerse del mismo medio de que Él se valió para descender a nosotros, para hacerse hombre y para comunicarnos sus gracias; y ese medio es la verdadera devoción a la Santísima Virgen.

Hay muchas devociones a la Virgen Santísima, y verdaderas, que no hablo aquí de las falsas.

Consiste **la primera** en cumplir con los deberes de cristiano, evitando el pecado mortal, obrando más por amor que por temor, rogando de tiempo en tiempo a la Santísima Virgen y honrándola como Madre de Dios, sin ninguna otra especial devoción para con ella.

La segunda tiene para la Virgen más altos sentimientos de estima, amor, veneración y confianza; induce a entrar en las cofradías del Santo Rosario y del escapulario, a rezar la corona o el santo rosario, a honrar las imágenes y altares de María, a publicar sus alabanzas, a alistarse en sus congregaciones. Y esta devoción (con tal que nos abstengamos de pecar) buena es, santa y laudable; pero no tan a propósito como la que sigue para apartar a las almas de las criaturas y desprenderlas de sí mismas a fin de unirlas a Jesucristo.

La tercera manera de devoción a la Santísima Virgen, de muy pocas personas conocida y practicada; es, almas predestinadas, la que os voy a descubrir. Consiste en darse todo entero, como esclavo, a María y a Jesús por Ella; además en hacer todas las cosas con María, en María, por María y para María.

Hay que escoger un día señalado para entregarse, consagrarse y sacrificarse; y esto ha de ser voluntariamente y por amor, sin encogimiento, por entero y sin reserva alguna; cuerpo y alma, bienes exteriores y fortuna, como casa, familia y rentas; bienes interiores del alma, a saber: sus méritos, gracias, virtudes y satisfacciones.

San Maximiliano María Kolbe

"La devoción a la Inmaculada es un secreto que muchos aún no conocen, o lo conocen y lo practican solo superficialmente, cuando, por voluntad de Dios, es la sustancia de toda santidad" (11-11-1936).

"El ideal de nuestra perfección es nuestra consagración a la Inmaculada, siempre, día y noche, a fin de que por nosotros y en nosotros Ella sufra y actúe" (24-11-1938: *Conf.*).

DÍA 2º

Jn 19,25-30: *María al pie de la Cruz*

Junto a la cruz de Jesús estaban su madre, la hermana de su madre, María, la de Cleofás, y María, la Magdalena. Jesús, al ver a su madre y junto a ella al discípulo al que amaba, dijo a su madre: "Mujer, ahí tienes a tu hijo". Luego, dijo al discípulo: "Ahí tienes a tu madre". Y desde aquella hora, el discípulo la recibió como algo propio. Después de esto, sabiendo Jesús que ya todo estaba cumplido, para que se cumpliera la Escritura, dijo: "Tengo sed". Había allí un jarro lleno de vinagre. Y, sujetando una esponja empapada en vinagre a una caña de hisopo, se la acercaron a la boca. Jesús, cuando tomó el vinagre, dijo: "Está cumplido". E, inclinando la cabeza, entregó el espíritu.

O bien:

Ef 5, 26-27

Él se entregó a sí mismo por ella, para consagrarla, purificándola con el baño del agua y la palabra, y para presentársela gloriosa, sin macha ni arruga ni nada semejante sino santa e inmaculada.

Los regalos de Jesús.
La vida nueva de la gracia

Necesitamos volver a nacer. Y Jesús viene a nuestro encuentro, como se encontró con Nicodemo o con la Samaritana, con Zaqueo o María Magdalena. Él es nuestro Salvador. Jesús nos trae un nuevo nacimiento, el nacimiento de los hijos de Dios. Y para hacer posible esta nueva vida, Jesús nos ha regalado a la Virgen María y al Espíritu Santo. Así ocurrió en su vida, así ocurrirá en la nuestra. Él fue concebido de María Virgen por obra y gracia del Espíritu Santo. Y a cuantos acogen a Jesús, con Él reciben estos dos regalos, la Virgen y el Espíritu Santo, que también les hacen nacer a la vida nueva de los hijos de Dios: "Vino a los suyos y los suyos no lo recibieron, pero a cuantos lo recibieron les dio el poder de ser hijos de Dios, a los que creen en su nombre. Estos no han nacido de sangre ni de deseo de carne, ni de deseo de varón, sino que han nacido de Dios" (Jn 1,11-13). Recibir a Jesús es recibir con Él a la Virgen como Madre y al Espíritu Santo Paráclito, para que ellos formen en nosotros un corazón como el de Jesús, el corazón de hijo de Dios, ya que Jesús ha sido constituido como el "primogénito de muchos hermanos" (Rm 8,29).

Es de notar que ya desde la Encarnación Jesús comienza su tarea de regenerar las almas. Así, vemos como en la Visitación, María lleva a santa Isabel y a san Juan Bautista, madre e hijo, el anticipo de la alegría de la redención con el Espíritu Santo haciéndolos saltar de gozo.

El culmen de esta misión la realizará Jesucristo en el Calvario. Allí el Crucificado nos regala a la Virgen como Madre y al Espíritu Santo para regenerar nuestros corazones y transformarlos con la gracia: "he ahí a tu Madre" … "Entregó el Espíritu". Allí, junto a Jesús y la Madre Dolorosa, aquel anciano Nicodemo volvió a la Vida, volvió a hacerse niño, capaz de entrar en el Reino.

También en el Cenáculo encontramos a Jesús resucitado con estos regalos. El día de Pascua se apareció a los discípulos mostrándoles sus llagas gloriosas y comunicando el Espíritu Santo. Allí, en Pentecostés, volverá a comunicar el don del Espíritu Santo a los discípulos reunidos en oración junto a María, la Madre de Jesús.

Da igual el momento de la vida en que te encuentres, da igual el cúmulo de tus errores y pecados pasados, de tu inocencia o tu culpabilidad, si tu situación de quebranto es por culpa propia o por lo que otros te hicieron, si antes aceptaste o no a Dios. Lo importante es que ahora sí acojas este don del Señor en tu corazón, con amor y agradecimiento, con sinceridad, tal y como estés. No te ocultes a los ojos del Señor. Algo comenzará a cambiar desde el interior, porque el Reino de Dios comienza por una pequeña semilla que a su tiempo dará su fruto, y será para la mayor gloria de Dios. Hoy puede comenzar algo nuevo en tu corazón: "No recordéis lo de antaño, no penséis en lo antiguo; mirad que realizo algo nuevo; ya está brotando, ¿no lo notáis?" (Is 43,18).

PALABRAS DE LOS SANTOS

San Luis María Grignon de Montfort
*Tratado de la Verdadera Devoción
a la Stma. V. María* 120-121

En qué consiste la perfecta consagración a Jesús por María

Toda vez que nuestra perfección consiste en estar conformes, unidos y consagrados a Jesucristo, la más perfecta de todas las devociones es, sin duda alguna, la que nos conforma, une y consagra más perfectamente a este acabado modelo de toda santidad; y pues que María es entre todas las criaturas la más conforme a Jesucristo, es consiguiente que entre todas las devociones, la que consagra y conforma más un alma a Nuestro Señor, es la devoción a la Santísima Virgen, su Santa Madre, y cuanto más se consagre un alma a María, más se unirá con Jesucristo y, he aquí por qué la perfecta consagración a Jesucristo no es otra cosa que una perfecta y entera consagración de sí mismo a la Santísima Virgen, y esta es la devoción que yo enseño; o con otras palabras, una perfecta renovación de los votos y promesas del santo bautismo. Consiste, pues, esta devoción en entregarse enteramente a la Santísima Virgen para ser todo de Jesucristo por medio de María. Es menester entregarle: primero, nuestro cuerpo con todos sus sentidos y sus miembros; segundo, nuestra alma con todas sus potencias; tercero, nuestros bienes exteriores, o sea nuestra fortuna presente y futura; cuarto, nuestros bienes interiores y espirituales, o sea nuestros méritos, nuestras virtudes y nuestras buenas obras pasadas, presentes y futuras; en una palabra: todo lo que tenemos en el orden de la naturaleza y en el orden de la gracia, y todo lo que lleguemos a tener en lo porvenir en el orden de la naturaleza, de la gracia y de la gloria, y esto sin reserva ninguna, ni de un céntimo, ni de un cabello, ni de la menor buena obra, y además por toda la eternidad, y sin pretender ni esperar ninguna otra recompensa de nuestra ofrenda y de nuestros servicios, que la honra de pertenecer a Jesucristo por María y en María, aun cuando esta amable Señora no fuere, como lo es siempre, la más liberal y reconocida de las criaturas.

San Maximiliano María Kolbe

"Confiémonos totalmente a la Inmaculada y consagrémonos a Ella sin límites, y pronto, y muy pronto, nos haremos santos" (30-1-1938; *Conf.*).

"Abrámosle nuestro corazón, y el alma, y el cuerpo, y todo: sin restricciones, sin límite. Consagrémonos a Ella totalmente, sin límite alguno" (28-2-1933. *A los Clérigos de la Orden*).

DÍA 3º

Lc, 1,26-38: *La Anunciación*

En el mes sexto, el ángel Gabriel fue enviado por Dios a una ciudad de Galilea llamada Nazaret, a una virgen desposada con un hombre llamado José, de la casa de David; el nombre de la virgen era María. El ángel, entrando en su presencia, dijo: "Alégrate, llena de gracia, el Señor está contigo".

Ella se turbó grandemente ante estas palabras y se preguntaba qué saludo era aquel. El ángel le dijo: "No temas, María, porque has encontrado gracia ante Dios. Concebirás en tu vientre y darás a luz un hijo, y le pondrás por nombre Jesús. Será grande, se llamará Hijo del Altísimo, el Señor Dios le dará el trono de David, su padre, reinará sobre la casa de Jacob para siempre, y su reino no tendrá fin". Y María dijo al ángel: "¿Cómo será eso, pues no conozco varón?". El ángel le contestó: "El Espíritu Santo vendrá sobre ti, y la fuerza del Altísimo te cubrirá con su sombra; por eso el Santo que va a nacer será llamado Hijo de Dios. También tu pariente Isabel ha concebido un hijo en su vejez, y ya está de seis meses la que llamaban estéril, porque para Dios nada hay imposible". María contestó: "He aquí la esclava del Señor; hágase en mí según tu palabra". Y el ángel se retiró.

Reina de Misericordia

"Pongo hostilidad entre ti y la mujer, entre tu descendencia y su descendencia; ésta te aplastará la cabeza cuando tú la hieras en el talón" (Gn 3,15). Con estas palabras, justo después del pecado original, Dios condenaba a la serpiente e iluminaba la oscuridad del hombre hundido en el pecado. Dios prometía una Mujer Inmaculada cuyo descendiente traería la Salvación. Él restauraría el corazón del hombre y devolvería la creación a su belleza original. Este anuncio es un signo de esperanza: si Dios pudo y quiso hacerla Inmaculada, si Dios nos da con Ella un Salvador, también yo tengo esperanza de alcanzar la Salvación.

En el momento de la Anunciación, se le anuncia a la Virgen la venida al mundo del Mesías prometido, el Hijo eterno de Dios. Él es el Rey que ha venido a recuperar el Reino que el enemigo le arrebató. Es el cumplimiento de viejas promesas, las que hizo a Adán y Eva después del pecado y reiteró a nuestros antiguos padres. Jesús viene a reconquistar la creación que salió de las manos de Dios para gloria suya. Por este motivo, pertenecemos a Jesucristo no solo por los derechos de naturaleza, por ser el Creador, sino por derechos de conquista. Él es nuestro Creador y nuestro Redentor, que no solo viene a liberarnos del pecado, sino a elevarnos a la dignidad de hijos de Dios y abrirnos las puertas del Cielo. Este es el gran regalo que hemos recibido por el bautismo y que quizá muchas veces ha sido manchado y hemos vuelto a perder.

Todo ha sido posible por el "sí" de la Virgen. Si por Adán y Eva nos vino el pecado, por Jesús y María nos viene la nueva vida de hijos de Dios. Ella es la nueva Eva, la colaboradora del Redentor, que nos trae los regalos de la redención. Una gracia que se nos comunicó con el bautismo y la confirmación, pero una gracia que se renueva cada vez que recibimos los sacramentos y que se restaura por la consagración a la Virgen. A través de la consagración, también tú dices un "sí" a Dios por el que dejas a María entrar en tu corazón para actuar con el poder de una Reina, con el amor de una Madre. Ella es Madre de misericordia, experta en sanar corazones heridos y embellecerlos con su gracia inmaculada, puesto que a Ella Dios le confió la economía de la misericordia, como dice san Maximiliano.

Este es su regalo. Tú fuiste creado para la gloria de Dios, para vivir como hijo amado de Dios, en la alegría de la amistad con Cristo, como amigo de tu Señor. Este es tu destino: la felicidad plena sin ninguna oscuridad. Gratuitamente creado, sobreabundantemente salvado y elegido para vivir sin mancha por el amor para gloria de Dios. Y su gloria es tu vida plena, tu felicidad sin mancha, como diría san Ireneo. No son tus méritos, no son tus obras, es la sobreabundancia de su amor. Sobrecógete por tanta misericordia que Dios te envía a través de la Virgen María, Reina de Misericordia.

San Luis María Grignon de Montfort

Tratado de la Verdadera Devoción 12-38

Si queréis comprender a la Madre, dice un santo, comprended al Hijo, pues es una Madre digna de Dios. Que aquí toda lengua enmudezca. Para demostrar que la divina María ha estado desconocida hasta ahora, y que es una de las razones por las cuales Jesucristo no es conocido como debe serlo. Si, pues, como es cierto, el reino de Jesucristo ha de venir al mundo, no será sino consecuencia necesaria del conocimiento del reino de la Santísima Virgen María, que le trajo al mundo la vez primera y le hará resplandecer en la segunda venida.

Confieso con toda la Iglesia que no siendo María sino una pura criatura salida de las manos del Altísimo, comparada con la Majestad infinita es menos que un átomo, o más bien nada, puesto que solo Dios es quien es y, por consiguiente, confieso que este gran Señor, Ser soberano y absoluto, ni ha tenido ni ahora tiene necesidad alguna de la Santísima Virgen para hacer su voluntad santísima y para manifestar su gloria. Basta que Dios quiera, para que todo se haga.

Digo, sin embargo, que así y todo, habiendo querido Dios empezar y concluir sus más grandes obras por la Santísima Virgen desde que la formó, es de creer que no cambiará su conducta en el transcurso de los siglos, pues es Dios y no varía en sus sentimientos ni en su proceder (…).

María es la Reina del cielo y de la tierra por la gracia, como Jesús es Rey por naturaleza y por conquista; pues el reino de Jesucristo consiste principalmente en el corazón y en el interior del hombre, según estas palabras: "El reino de Dios está dentro de vosotros" (Lc 17, 21), del mismo modo el reino de la Santísima Virgen está principalmente en el interior del hombre, es decir, en las almas, y en las almas es donde principalmente está más glorificada con su Hijo que en todas las criaturas visibles, y podemos llamarla con los santos, Reina de los corazones.

San Ildefonso de Toledo
Tratado de la perpetua virginidad de María

Por eso eres tú mi Señora, porque mi Señor es tu Hijo. Por eso yo soy esclavo de la esclava de mi Señor, porque tú, Señora mía, fuiste hecha Madre de tu Señor. Por eso fui yo hecho tu esclavo, porque tú fuiste hecha la Madre de mi Hacedor. Te ruego, te ruego, santa Virgen, que yo posea a Jesús de aquel Espíritu del que tú engendraste a Jesús; que mi alma reciba a Jesús por aquel Espíritu por el que tu carne concibió al mismo Jesús; que yo pueda conocer a Jesús en virtud de aquel Espíritu por el que te fue dado a ti conocer, tener y alumbrar a Jesús.

Hable yo sobre Jesús cosas humildes y sublimes en aquel Espíritu en el que tú te confiesas esclava del Señor, deseando que se realice en ti según la palabra del ángel. En aquel Espíritu ame yo a Jesús en el que tú le adoras como Señor, le contemplas como Hijo. Tan realmente rinda yo vasallaje a este Jesús como realmente se sometió Él mismo a sus padres, siendo Dios.

¡Oh recompensa sobremanera grande de mi salvación, de mi vida y también de mi gloria! ¡Oh título nobilísimo de mi libertad! ¡Oh condición excelsa de mi nobleza, garantía de mi grandeza, indefectiblemente gloriosa y consumada en eterna gloria! Que yo –que fui malamente engañado– quiera hacerme esclavo de la Madre de mi Señor, para mi propia reparación. Que yo –separado de la comunión angélica ya antiguamente en el primer hombre– merezca ser considerado como esclavo de la Esclava y Madre de mi Hacedor. Que yo –obra buena en las manos del supremo Dios– obtenga ser encadenado con perpetua devoción de esclavitud al servicio de la Virgen Madre.

Otórgame esto, ¡oh Jesús Hijo del hombre y de Dios!; concédeme esto, Señor de las cosas e Hijo de la

Esclava; regálame esto, ¡oh Dios humilde en el Hombre!; dame esto, ¡oh Hombre glorioso en Dios!: que yo crea acerca del parto de la Virgen lo que de tu encarnación llena mi fe; que yo hable de la virginidad maternal lo que llena mi boca de tu alabanza; que yo ame en tu Madre lo mismo que tú con tu amor colmas en mí; que de tal modo sirva yo a tu Madre que, por ello, Tú mismo me reconozcas haberte servido a ti; que de tal suerte me gobierne Ella, que por ello sepa yo que te doy gusto a ti; que su realeza me domine de tal modo en el tiempo, que seas Tú mi Señor en la eternidad.

DÍA 4º

Jn 2,1-12: *Las bodas de Caná*

A los tres días, había una boda en Caná de Galilea, y la madre de Jesús estaba allí. Jesús y sus discípulos estaban también invitados a la boda. Faltó el vino, y la madre de Jesús le dice: "No tienen vino". Jesús le dice: "Mujer, ¿qué tengo yo que ver contigo? Todavía no ha llegado mi hora". Su madre dice a los sirvientes: "Haced lo que él os diga". Había allí colocadas seis tinajas de piedra, para las purificaciones de los judíos, de unos cien litros cada una. Jesús les dice: "Llenad las tinajas de agua". Y las llenaron hasta arriba.

Entonces les dice: "Sacad ahora y llevadlo al mayordomo". Ellos se lo llevaron. El mayordomo probó el agua convertida en vino sin saber de dónde venía (los sirvientes sí lo sabían, pues habían sacado el agua), y entonces llama al esposo y le dijo: "Todo el mundo pone primero el vino bueno, y cuando ya están bebidos, el peor; tú, en cambio, has guardado el vino bueno hasta ahora".

Este fue el primero de los signos que Jesús realizó en Caná de Galilea; así manifestó su gloria y sus discípulos creyeron en él. Después bajó a Cafarnaún con su madre y sus hermanos y sus discípulos, pero no se quedaron allí muchos días.

Reconocer nuestra pobreza

La gran dificultad que tenemos en el camino de la vida de fe es el peso del pecado. No es el pecado en sí mismo, sino las heridas que nos deja el pecado. Es preciso dar un paso en este camino de sanación: reconocer el pecado es el inicio de la conversión. Jesús ha venido como el Buen Pastor que busca a la oveja perdida, a su oveja perdida, a ti… para llevarla a la casa del Padre. Para ello, Él no ha dudado en dejar los tesoros del Cielo y asumir nuestra humanidad, porque desea la alegría del Corazón del Padre, porque desea la salvación de sus hermanos a los que ama con amor de misericordia y predilección. ¡Él ha venido a buscarte! ¡Él te lleva en su Corazón! Y asumiendo la condición de esclavo ha podido liberarte a ti, esclavo del pecado. Él buscó a su oveja perdida y la liberó, te buscó y te liberó a ti, cuando cargando con tus pecados te rescató de tus esclavitudes y cortó tus ataduras. Él reparó tu corazón herido y lo curó con sus propias heridas en la Cruz. No hay herida que tú lleves que Él no haya llevado por ti. ¡Él es tu Redentor!

Y la Virgen colaboró con su Hijo en tu redención, por eso estuvo junto a la Cruz. Y esa "Hora" de Jesús, el momento culminante de su entrega por nosotros, se anticipó en Caná de Galilea, cuando María intervino e intercedió por aquellos esposos. Comprendemos así el papel singular que Ella realizó y realiza en esta curación del corazón.

Cuando María interviene alcanza el milagro de Jesús, haciendo presente la fuerza de la Cruz. En aquel momento bastó el reconocimiento de una carencia: "no hay vino". No tengo vino... Reconocer la propia miseria, incluso el propio pecado, es el inicio de la conversión. Basta que la oveja perdida se reconozca así, "perdida", y se deje salvar. Entonces, al llamar a Jesús, Él vendrá a liberar, a sanar y a embellecer el corazón. Él es el Buen Pastor que busca a su oveja extraviada y la libera; el Buen Samaritano que con su Sangre lava sus heridas y con el ungüento precioso del Espíritu Santo la ilumina y restablece, la colma de amor.

Pero es necesario reconocer tus miserias y pecados, tus debilidades y ataduras. No tengas miedo por ser pequeño y pobre. Sé como el niño que, en lugar de mirar su incapacidad, mira el poder de su papá que tanto lo ama. Llama a Jesús, invoca a María, Madre amorosa. De ahí que la consagración a la Virgen sea una forma de vivir el caminito de la infancia espiritual que nos enseña santa Teresita: el de volver a ser un niño pobre y alegre que, en su inocencia conservada o recuperada, puede entrar en el Reino de los Cielos.

Cuando miramos con esta confianza audaz a la Inmaculada, Ella, como en Caná, actuará en tu vida con el amor de una Madre, con el poder de una Reina. Y, donde Ella entra, "obtiene la gracia de la conversión y la santificación" (san Maximiliano) y nos prepara y ayuda a recibir a su Hijo Salvador en la confesión. La Iglesia, que es Madre, nos dice que debemos confesar al menos una vez al año, en peligro de muerte o si se ha de comulgar. Pero debemos ponderar algo en el corazón: la consagración no es un ritual al margen de la fe, sino una ayuda para vivir nuestra comunión con Jesucristo en la Iglesia. La Virgen nos prepara para vivir en plena comunión con su Hijo. "Ad Iesum per Mariam", "A Jesús por María". Es el medio más sencillo y seguro. Por eso, la consagración nos debe llevar a buscar con más frecuencia el encuentro con Jesús Médico del alma y Buen Samaritano que, en la confesión sacramental, sana el corazón y le devuelve la alegría de volver a la casa paterna y vivir en el amor.

En este camino que estamos recorriendo hacia la consagración, hoy es un buen día para hacer examen de conciencia y acercarnos sin miedo a la confesión. Jesús te está esperando.

San Maximiliano María Kolbe

"No olvidemos que la esencia y la perfección de nuestra consagración no son ni el sentimiento ni la memoria, sino la voluntad. (…) porque Ella reina en su corazón" (10-11-1934: C. Niepokalanów).

San Luis María Grignon de Montfort

Tratado de la Verdadera Devoción
152.155.157.159.163-164

Características de esta devoción

Esta devoción es un camino fácil, corto, perfecto y seguro para llegar a la unión con Dios que es la perfección cristiana.

Es un camino fácil: es un camino que Jesús ha recorrido viniendo a nosotros, y en que no se encuentra ningún tropiezo para llegar a Él. Es verdad que es posible llegar a la unión con Dios por otros caminos, pero será pasando por muchas más cruces y extraños desfallecimientos, y a través de muchas dificultades, penosísimas de vencer. (…)

Es un camino corto. Esta devoción a la Santísima Virgen es un camino corto para hallar a Jesucristo, ya sea porque en él no hay extravíos, ya sea porque, como acabo de decir, por él se camina con más gozo y facilidad y, por tanto, con más prontitud. Se avanza más en poco tiempo de sumisión y de dependencia de María, que en años enteros de propia voluntad y de apoyo sobre sí mismo; porque *el hombre obediente* y sometido a la divina María *cantará victorias* señaladas sobre todos sus enemigos. (…)

Es un camino perfecto. Esta devoción a la Santísima Virgen es una senda perfecta para ir a unirse a Jesucristo, toda vez que la divina María es la más perfecta y la más santa de las puras criaturas, y que Jesucristo que vino perfectamente a nosotros, no tomó otro camino para su grande y admirable viaje. El Altísimo, el Incomprensible, el Inaccesible, *El que es,* ha querido venir a nosotros, pequeños gusanos de la tierra que nada somos. ¿Cómo se ha obrado esto? El Altísimo ha descendido perfecta y divinamente por María hasta nosotros sin perder nada de su divinidad y de su santidad, y por María deben los más pequeños subir perfecta y divinamente al Altísimo sin temor alguno. El Incomprensible se ha dejado comprender y contener perfectamente por María, sin perder nada de su inmensidad, y por esta humilde Virgen debemos nosotros dejarnos conducir hacia Dios perfectamente, sin reserva alguna. El Inaccesible se ha acercado a nosotros, se ha unido estrechamente, perfectamente y aun personalmente a nuestra humanidad por María, sin perder nada de su

Majestad; también por María podemos acercarnos a Dios y unirnos a su Majestad perfecta y estrechamente sin temor de ser rechazados. En fin, Aquel que es, ha querido venir a lo que no es, y hacer que lo que no es llegue a ser Dios en Aquel que es, y lo ha hecho perfectamente entregándose y sometiéndose enteramente a la humilde Virgen María, sin cesar de ser en el tiempo Aquel que es por toda la eternidad; asimismo, pues, por María, aunque nada seamos, podemos hacernos semejantes a Dios, por la gracia y la gloria, entregándonos a Ella tan perfecta y enteramente que no seamos nada en nosotros mismos, y seamos todo en Ella, sin temor de extraviarnos (…).

Es un camino seguro. Esta devoción a la Santísima Virgen es un camino seguro para ir a Jesucristo y adquirir la perfección uniéndose a Él. Porque esta práctica que enseño, no es nueva; es tan antigua, que no se pueden marcar sus principios (…). Y no se la podría condenar sin trastornar los fundamentos del cristianismo. Consta, pues, en conclusión, que esta devoción no es nueva y que, si bien no es común, consiste esto en que es demasiado preciosa para ser saboreada y practicada por todo el mundo. Esta devoción es un medio seguro para ir a Nuestro Señor, porque es propio de la Santísima Virgen el conducirnos seguramente a Jesucristo, como lo es de Jesucristo llevarnos seguramente al Padre Eterno.

DÍA 5º

Lc 2,1-7: *El Nacimiento de Jesús*

Sucedió en aquellos días que salió un decreto del emperador Augusto, ordenando que se empadronase todo el Imperio. Este primer empadronamiento se hizo siendo Cirino gobernador de Siria. Y todos iban a empadronarse, cada cual a su ciudad. También José, por ser de la casa y familia de David, subió desde la ciudad de Nazaret, en Galilea, a la ciudad de David, que se llama Belén, en Judea, para empadronarse con su esposa María, que estaba encinta. Y sucedió que, mientras estaban allí, le llegó a ella el tiempo del parto y dio a luz a su hijo primogénito, lo envolvió en pañales y lo recostó en un pesebre, porque no había sitio para ellos en la posada.

MEDITACIÓN

"Todas mis fuentes están en Ti"

Por la Cruz de Jesús y los dolores de María nos viene la nueva vida. Dice san León Magno que todos los misterios de la vida de Cristo han quedado accesibles para nosotros en los ritos sacramentales de la Iglesia. Así, el nacimiento de Jesús en Belén es también el nacimiento de toda la Iglesia. Por este motivo, la gracia del nuevo nacimiento realmente se hace presente para nosotros en el misterio de Navidad; en ese día también nacimos nosotros como hijos de Dios. De modo que, igual que Jesús nació de María Virgen en Belén, nosotros hemos nacido de María Virgen por obra del Espíritu Santo en el bautismo. ¡El nacimiento de Jesús en Belén es también el nacimiento de toda la Iglesia! Y este misterio se renueva constantemente en la vida de la Iglesia.

Este es el "admirable intercambio" que celebramos en la Encarnación: el Hijo eterno de Dios se hace hombre para que nosotros, hijos de hombre, lleguemos a ser hijos de Dios. Y la Virgen es esencial en este misterio. Ella es la que dio a luz a Jesús virginalmente, sin dolor y en la alegría, como signo de que su Hijo era Dios y anunciando así la nueva vida de la gracia que Jesús trae para la humanidad envejecida. El parto virginal es el signo de una vida radicalmente nueva, diferente, de un orden superior.

Nosotros hemos nacido también virginalmente como hijos de Dios por la muerte de Cristo y la colaboración de la Virgen con sus dolores en el parto de la Cruz. En el Calvario, María nos dio a luz en otro parto virginal, un parto de inmenso dolor al morir místicamente con su Hijo. Hemos costado mucho a la Virgen… eres hijo como fruto de la muerte de su Hijo y de sus dolores. Y esto es una garantía para ti: Ella no olvidará al hijo que tanto le costó, Ella luchará por ti, para defenderte y ayudarte a llegar a la plenitud de la vida de la gracia. "El Verbo se hizo carne y habitó entre nosotros… y de su plenitud todos hemos recibido gracia tras gracia" (cf. Jn 1,14-16). Todas las gracias de Jesús nos llegarán constantemente por mediación de la Inmaculada Madre Dios.

Alégrate de este "intercambio" que Dios hace contigo a través de la Virgen: dale tu corazón desde ahora mismo, con todo su pasado, en el presente y hasta la eternidad, confiándole tus pensamientos, tu voluntad, tus actos y tu memoria. Si todo lo tuyo es Suyo, Él te dará de lo Suyo, su vida nueva. Demos un paso más en nuestra preparación: confía en que Él va a hacer algo grande en tu corazón.

PALABRAS DE LOS SANTOS

San Maximiliano María Kolbe

Apuntes para un libro (SK 1325)

Imitarla, pues, acercarse a Ella, ofrecernos en propiedad, transformarnos en Ella: este es el vértice de la perfección del hombre. Todos cuantos han amado a la Inmaculada han deseado pertenecerle y lo han expresado con diversas fórmulas. Ser su siervo, ser su hijo, ser esclavo, etc., son los ideales que han iluminado su vida. Todos, por tanto, deseaban pertenecerle del modo más perfecto posible y sin duda habrían querido utilizar todo título que se le hubiera ocurrido a cualquiera o que al cariño de una persona fuera capaz de ocurrírsele en el futuro. En una palabra, ser de Ella, ilimitadamente de Ella: este es el sol que ilumina la vida de tantos, tantísimos corazones.

Apuntes para un libro (SK 1310)

El alma ofrece a la Inmaculada sus propios actos de amor no como se consigna un objeto a un mediador cualquiera, sino en propiedad, en plena y exclusiva propiedad, pues comprende que la Inmaculada ofrece a Jesús tales actos como si fuesen suyos propios, es decir, los ofrece a Jesús sin mancha, inmaculados; Jesús, después, los ofrece al Padre. De ese modo el alma se vuelve cada vez más de la Inmaculada, tal como la Inmaculada lo es de Jesús y Jesús del Padre.

San Luis María Grignon de Montfort
Tratado de la Verdadera Devoción 105-110

Sus caracteres

Interior: La verdadera devoción a Nuestra Señora es interior; es decir, debe partir del espíritu y del corazón;

nace dicha devoción de la estima que se hace de la Virgen, de la alta idea que uno se ha formado de sus grandezas y del amor que se le tiene.

Tierna: Es tierna, es decir, llena de confianza en la Santísima Virgen, como la de un niño para con su buena madre. Esta devoción es la que hace que un alma recurra a Ella en todas sus necesidades de cuerpo y espíritu con mucha sencillez, confianza y ternura.

Santa: Esta devoción a nuestra Señora es santa; es decir, que conduce a un alma a evitar el pecado y a imitar las virtudes de la Santísima Virgen en particular, la humildad profunda, la fe viva, la ciega obediencia, la continua oración, su universal mortificación, la pureza incomparable, la caridad ardiente, la heroica paciencia, la dulzura angelical y la divina sabiduría. Tales son las diez principales virtudes de la Santísima Virgen.

Constante: Es constante, es decir, afirma a un alma en el bien y la lleva a no abandonar fácilmente las prácticas de devoción; la hace animosa para oponerse al mundo, y sus costumbres y sus máximas, a la carne con sus apetitos y sus pasiones, y al demonio en sus tentaciones: de modo que una persona verdaderamente devota a la Santísima Virgen no es mudable, melancólica, escrupulosa ni medrosa.

Desinteresada: La verdadera devoción a Nuestra Señora es desinteresada; es decir, inspira a un alma que no se busque a sí misma; sino solo a Dios en su Santísima

Madre. Un verdadero devoto de María no ama a esta augusta Reina por espíritu de lucro y de interés, ni por su bien temporal ni espiritual, sino únicamente porque merece ser servida, y Dios solo en Ella.

DÍA 6º

Ap 12,1-9.13-17: *La Mujer y el dragón*

Un gran signo apareció en el cielo: una mujer vestida del sol, y la luna bajo sus pies y una corona de doce estrellas sobre su cabeza; y está encinta, y grita con dolores de parto y con el tormento de dar a luz. Y apareció otro signo en el cielo: un gran dragón rojo que tiene siete cabezas y diez cuernos, y sobre sus cabezas siete diademas, y su cola arrastra la tercera parte de las estrellas del cielo y las arrojó sobre la tierra. Y el dragón se puso en pie ante la mujer que iba a dar a luz, para devorar a su hijo cuando lo diera a luz. Y dio a luz un hijo varón, el que ha de pastorear a todas las naciones con vara de hierro y fue arrebatado su hijo junto a Dios y junto a su trono; y la mujer huyó al desierto, donde tiene un lugar preparado por Dios para ser alimentada mil doscientos sesenta días. Y hubo un combate en el cielo: Miguel y sus ángeles combatieron contra el dragón, y el dragón combatió, él y sus ángeles. Y no prevaleció y no quedó lugar para ellos en el cielo. Y fue precipitado el gran dragón, la serpiente antigua, el llamado Diablo y Satanás, el que engaña al mundo entero; fue precipitado a la tierra y sus ángeles fueron precipitados con él.

Y cuando vio el dragón que había sido precipitado a la tierra, persiguió a la mujer que había dado a luz al hijo varón. Y le fueron dadas a la mujer las dos alas de la gran águila, para que volara al desierto, a su lugar, donde es alimentada un tiempo, y dos tiempos y medio tiempo, lejos de la presencia de la serpiente. Y vomitó la serpiente de su boca, detrás de la mujer, agua como un río para hacer que el río la arrastrara. Y la tierra ayudó a la mujer, y abrió la tierra su boca y se tragó el río que había arrojado el dragón de su boca. Y se llenó de ira el dragón contra la mujer, y se fue a hacer la guerra al resto de su descendencia, los que guardan los mandamientos de Dios y mantienen el testimonio de Jesús.

MEDITACIÓN

La Inmaculada, "Mater Gratiae"

Consagrarse a la Virgen es entregarse a nuestra Madre, aquella que nos dio a luz a la vida eterna al colaborar con su Hijo, único Redentor, para salvarnos. Al consagrarnos le entregamos toda nuestra vida y toda nuestra historia: nuestro pasado, nuestro presente y nuestro futuro; nuestro cuerpo y nuestra alma con sus potencias; es decir, nuestra inteligencia, nuestra voluntad y nuestra memoria. Todo lo que somos y lo que tenemos. Es confiarle a Ella absolutamente todo, sabiendo que al entrar Ella en nuestro corazón, todo lo renovará, todo lo preservará y todo lo dispondrá para mayor gloria de Dios y salvación de nuestras almas. Ella actúa en nuestra vida con el amor de una Madre y con el poder de una Reina; y como Inmaculada, actúa en nuestra vida no solo para alcanzarnos la conversión, sino para hacernos resplandecientes por el amor, parafraseando algunas palabras de san Maximiliano. Ella es la Mujer revestida de Sol, a quien Dios ha constituido administradora de todas las gracias y las distribuye con sabiduría, poder y misericordia, como dice san Luis María.

Decimos, pues, que Ella es Madre de gracia, Madre de misericordia, Madre de las mercedes de Dios. Esto significa que, si la dejas entrar, Ella te arrancará de todos los vicios, te curará las heridas del pecado y te irá ayudando en la transformación del corazón. Dios puso un límite al poder del mal, como anunció en el Paraíso y hemos visto; y este límite es su misericordia que nos viene por la Inmaculada y su Hijo Jesucristo. Es más, Ella es la Misericordia del Padre, porque a través de Ella, Dios Padre ha transformado la maldición del pecado en camino de conversión para hacer brillar su poder y su misericordia, para su gloria. ¡Todo para gloria de la Inmaculada que aplasta la cabeza de los enemigos!

Ahora bien, el enemigo te buscará para volverte a dañar. Debes huir con la Mujer al desierto, donde también fue Cristo para vencer las tentaciones y los pecados. Como dice san Juan en el Apocalipsis, en sus brazos no podrá alcanzarte el vómito de la serpiente y si algo te salpicara por tu debilidad, Ella te restaurará. ¿Y las heridas que dejó el pecado? De eso nos ocuparemos más adelante.

San Maximiliano María Kolbe

Apuntes para un libro (SK 1301)

Si nosotros somos de la Inmaculada, entonces todo lo nuestro le pertenece también a Ella y Jesús acepta todo lo que viene de nosotros como si proviniese de Ella, como perteneciente a Ella. En ese caso, Ella no puede dejar imperfectas esas acciones, sino que las hace dignas de sí, o sea, inmaculadas, sin la más mínima mancha. En consecuencia, un alma que se ha consagrado a Ella, aunque no dirija de modo explícito su pensamiento a la Inmaculada ni ofrezca directamente al Sacratísimo Corazón de Jesús la oración, el trabajo, el sufrimiento o cualquier otra cosa, esa alma procura al Sacratísimo Corazón de Jesús un placer incomparablemente mayor que el que le produciría si no se hubiera consagrado a la Inmaculada.

El Caballero de la Inmaculada (SK 1160)

Con el acto de consagración nos hemos ofrecido a la Inmaculada en propiedad absoluta. Sin duda, Ella es el instrumento más perfecto en las manos de Dios, mientras que nosotros, por nuestra parte, debemos ser instrumentos en sus manos inmaculadas. ¿Cuándo venceremos del modo más rápido y perfecto al mal en el mundo entero? Cuando nos dejemos guiar por Ella de la manera más perfecta. Esto es lo más importante y único. He dicho: "único". En efecto, cada uno de nosotros únicamente debe preocuparse de armonizar, de conformar, de fundir, por decirlo así, completamente su propia voluntad con la Voluntad de la Inmaculada, tal como la Voluntad de Ella está completamente unida a la Voluntad de Dios, y su Corazón, al Corazón de su Hijo Jesús. Es lo único que hay que hacer.

Carta del 4 de noviembre 1937 (SK 755)

Es evidente que debemos estar en guardia, porque más de una vez el amor propio, nuestro "yo", se rebelará. Las más variadas dificultades, tentaciones, contrariedades, en alguna ocasión estarán a punto de vencernos. Pero si las raíces ahondan cada vez más en la tierra y la humildad arraiga cada vez más profundamente en nosotros, de manera que cada día sea menor la seguridad en nosotros mismos, entonces la Inmaculada hará que cada cosa solo nos reporte un crecimiento de méritos.

Apuntes para un libro (SK 1334)

Ella te hará semejante a sí misma, te hará cada vez más inmaculado, te nutrirá con la leche de su gracia. Déjate solo guiar por Ella, déjate forjar cada vez más libremente por Ella. Vigila la pureza de tu conciencia, purifícala con su amor. No te desanimes ni siquiera tras un pecado grave, aunque lo hayas cometido más veces. Un acto de amor perfecto te purificará.

DÍA 7º

Lc 11,27-28: *María, discípula de su Hijo*

Mientras él hablaba estas cosas, aconteció que una mujer de entre el gentío, levantando la voz, le dijo: "Bienaventurado el vientre que te llevó y los pechos que te criaron". Pero él dijo: "Mejor, bienaventurados los que escuchan la palabra de Dios y la cumplen".

MEDITACIÓN

Madre y Maestra de la vida espiritual

Con la consagración renovamos los votos del bautismo, dice san Luis María. Pero el bautismo y, por tanto, la consagración a la Virgen, es el inicio de una nueva vida llamada a crecer. Precisamente esto es lo que dan a entender las palabras que acabamos de escuchar.

En aquella ocasión en la que bendecían a la Madre de Jesús, el Señor reorientó estas palabras para comprender dónde está la mayor grandeza de la Virgen: Ella es la Mujer que escuchó y cumplió la Palabra de

Dios. Así, colmada del amor, amó primero y engendró en su Corazón. Solo después engendró en sus entrañas. Por eso, dice san Agustín que María es más dichosa por ser discípula y colaboradora de Jesucristo en la redención, que por ser Madre del Hijo de Dios.

De modo que renacer en nuestro bautismo por la consagración a la Virgen es comenzar una nueva vida bajo la protección de María, Madre y Maestra de vida espiritual. Ella nos enseña a vivir como lo que somos, hijos de Dios. La nueva vida del bautismo es una semilla que dará su fruto.

Es preciso, pues, hacer como Jesús después de nacer, como nos cuenta el Evangelio que ocurrió después de aquella Pascua cuando Jesús tenía doce años: "Jesús bajó con María y José a Nazaret y vivía sujeto a ellos" (cf. Lc 2, 51). Así, el Niño pudo crecer en estatura, en gracia y en sabiduría ante Dios y los hermanos. Al consagrarte, también tú bajas con María y José a Nazaret para empezar a crecer. O como los Apóstoles después de Caná, que bajaron con María a Cafarnaún para aprender de Ella a ser discípulos. Allí tienes que aprender a vivir todo "por María, con María, en María y para María". Después de la consagración a la Virgen estamos llamados a entrar en la vida de Nazaret. La consagración a la Virgen es la puerta de la casa de la Sagrada Familia, donde aprendemos a vivir de una forma nueva.

San Luis María Grignon de Montfort

Tratado de la Verdadera Devoción 257-265

He aquí algunas prácticas interiores muy propias para los que el Espíritu Santo llama a una alta perfección, que, en cuatro palabras, se reducen a ejecutar todas las acciones por María, con María, en María y para María, a fin de practicarlas más perfectamente por Jesús, con Jesús, en Jesús y para Jesús.

1º Es menester ejecutar las acciones por María, es decir, es menester obedecer en todo a la Santísima Virgen y conducirse en todo por su espíritu, que es el espíritu de Dios. "Los que son guiados por Él, son los hijos de Dios" (Rm 8, 14). Los que son guiados por el espíritu de María, son hijos de María, y por consiguiente hijos de Dios, y entre tantos devotos de la Santísima Virgen, no hay más verdaderos y fieles devotos que los que se conducen por su espíritu. Porque el espíritu de María es el espíritu de Dios, ya que Ella no se guio jamás por su propio espíritu, sino siempre por el espíritu divino, que de tal modo se hizo dueño de María, que vino a ser su propio espíritu (…). ¡Qué dichosa es un alma cuando está del todo poseída y gobernada por el espíritu de María, que es un espíritu suave y fuerte, celoso y prudente, humilde e intrépido, puro y fecundo!

Para que un alma se deje conducir por este espíritu de María es menester: 1º Renunciar a su propio espíritu, a sus propias luces y a su voluntad antes de hacer alguna cosa… 2º Es necesario entregarse al espíritu de María, para ser por él movidos y conducidos de la manera que Ella quiera… 3º Se debe, de cuando en cuando, durante la obra y después de ella, renovar el mismo acto de ofrecimiento y de unión…

2º Es necesario hacer todas nuestras obras con María; es decir: que debemos en nuestras acciones mirar a María como modelo acabado de toda virtud y perfección que el Espíritu Santo ha formado en una pura criatura, para que lo imitemos, según nuestra capacidad. Es menester, pues, que en cada acción miremos cómo María la ha hecho o la haría si estuviese en nuestro lugar. Para esto debemos examinar y meditar las grandes virtudes que Ella practicó durante su vida, particularmente: primero, su fe viva, por la cual creyó sin titubear la palabra del ángel, y creyó fiel y constantemente hasta el pie de la cruz; segundo, su humildad profunda, que la ha hecho ocultarse siempre la última; tercero, su pureza toda divina, que no ha tenido ni tendrá jamás igual bajo el cielo, y, en fin, todas sus demás virtudes.

3º Es menester practicar estas acciones en María. Para comprender bien esta práctica, es menester saber: 1º que la Santísima Virgen es el verdadero paraíso terrenal del nuevo Adán, del cual el antiguo paraíso terrestre era solo figura. Hay, pues, en este paraíso terrenal, riquezas, bellezas, singularidades y dulzuras inexplicables que el nuevo Adán Jesucristo, dejó en él. En este paraíso tuvo Él sus complacencias durante nueve meses, obró sus maravillas y ostentó sus riquezas con la magnificencia de Dios. Este santísimo lugar no está compuesto sino de tierra virgen e inmaculada, de que fue formado el nuevo Adán por la operación del Espíritu Santo que habita en él. En este paraíso terrestre es donde verdaderamente está el árbol de la vida, que es Jesucristo, fruto de la vida eterna; el árbol de la ciencia del bien y del mal que ha dado la salud al mundo. Hay en este lugar divino árboles plantados por la mano de Dios y rociados con su divina gracia, que han producido y todos los días dan frutos de un sabor exquisito… Solamente el Espíritu Santo puede hacer conocer la verdad escondida bajo las figuras de las cosas materiales... El Espíritu Santo por boca de los Santos Padres, llama también a la Santísima Virgen, la puerta oriental por la cual el gran Sacerdote Jesucristo entró en el mundo, por ella entró la primera vez y por ella vendrá la segunda. (…)

4º Por último, es necesario hacer todas nuestras acciones **para María**. No que la tomemos como el último fin de nuestras acciones, que es solo Jesucristo, sino por nuestro fin próximo, nuestro misterioso medio y manera segura para ir a Él. Es necesario emprender y hacer grandes cosas para esta augusta soberana, apoyados en su protección. Es necesario defender sus privilegios, cuando se le disputan, es necesario sostener su gloria, cuando se la ataca, llevar todo el mundo, si se puede, a su servicio y a esta sólida y verdadera devoción. Es necesario no pretender de ella, como recompensa de estos pequeños servicios, más que el honor de pertenecer a una tan amable Princesa y la felicidad de estar por Ella unidos a Jesús Hijo en el tiempo y en la eternidad.

DÍA 8º

Lc 1, 39-45: *Visitación de María a Isabel*

En aquellos mismos días, María se levantó y se puso en camino de prisa hacia la montaña, a una ciudad de Judá; entró en casa de Zacarías y saludó a Isabel. Aconteció que, en cuanto, Isabel oyó el saludo de María, saltó la criatura en su vientre. Se llenó Isabel de Espíritu Santo y, levantando la voz, exclamó: "¡Bendita tú entre las mujeres, y bendito el fruto de tu vientre! ¿Quién soy yo para que me visite la madre de mi Señor? Pues, en cuanto tu saludo llegó a mis oídos, la criatura saltó de alegría en mi vientre. Bienaventurada la que ha creído, porque lo que le ha dicho el Señor se cumplirá".

O bien:

Lc 2, 22-39: *Presentación de Jesús en el Templo*

Cuando se cumplieron los días de su purificación, según la ley de Moisés, lo llevaron a Jerusalén para presentarlo al Señor, de acuerdo con lo escrito en la ley del Señor: "Todo varón primogénito será consagrado al Señor", y para entregar la oblación, como dice la ley del Señor: "un par de tórtolas o dos pichones". Había entonces en Jerusalén un hombre llamado Simeón, hombre justo y piadoso, que aguardaba el consuelo de Israel; y el Espíritu Santo estaba con él. Le había sido revelado por el Espíritu Santo que no vería la muerte antes de ver al Mesías del Señor. Impulsado por el Espíritu, fue al templo.

Y cuando entraban con el niño Jesús sus padres para cumplir con él lo acostumbrado según la ley, Simeón lo tomó en brazos y bendijo a Dios diciendo:

"Ahora, Señor, según tu promesa, puedes dejar a tu siervo irse en paz. Porque mis ojos han visto a tu Salvador, a quien has presentado ante todos los pueblos: luz para alumbrar a las naciones y gloria de tu pueblo Israel".

Su padre y su madre estaban admirados por lo que se decía del niño. Simeón los bendijo y dijo a María, su madre: "Este ha sido puesto para que muchos en Israel caigan y se levanten; y será como un signo de contradicción —y a ti misma una espada te traspasará el alma—, para que se pongan de manifiesto los pensamientos de muchos corazones".

Había también una profetisa, Ana, hija de Fanuel, de la tribu de Aser, ya muy avanzada en años. De joven había vivido siete años casada, y luego viuda hasta los ochenta y cuatro; no se apartaba del templo, sirviendo a Dios con ayunos y oraciones noche y día. Presentándose en aquel momento, alababa también a Dios y hablaba del niño a todos los que aguardaban la liberación de Jerusalén.

"Muestra que eres Madre"

En la escuela de la Virgen se aprende a crecer y a hacer de la vida una ofrenda por la oración y la caridad. Así lo vemos en los pocos momentos que el Evangelio nos ha transmitido sobre la vida de la Sagrada Familia o de la Virgen en la vida pública y en el misterio de la Pascua de Jesús.

Esto nos lleva a hablar de la necesidad de la Eucaristía en nuestra vida. Vamos a explicarlo. Decir Eucaristía es decir el sacramento del amor, celebrado en la Santa Misa y cuya presencia perdura en las especies del pan y el vino consagrados. La Eucaristía es el "memorial de la Pascua de Cristo, presencia viva de todos sus misterios". Es decir, es el sacramento en el que se hace real y sustancialmente presente Cristo con su Cuerpo, Sangre, Alma y Divinidad. En este sacramento se actualiza el misterio de nuestra redención, desde la Encarnación hasta la Pascua y la efusión del Espíritu Santo en Pentecostés. Por tanto, cada vez que acudo a la Eucaristía se hacen presentes todos los misterios de la vida de Cristo: ¡el Evangelio se hace presente para mí!; particularmente vuelvo a estar presente en el Calvario donde recibí la salvación, indisolublemente unida a la entrega de la Virgen como Madre. Así, cada vez que estoy delante de la Eucaristía, Jesús me vuelve a decir: "He ahí a tu Madre", y me invita a acoger a aquella que se ha tomado en serio el mandato de Jesús: "He ahí a tu hijo".

En la Eucaristía recibimos a Jesús y aprendemos a vivir con Cristo de una forma nueva. Allí se va formando el corazón para vivir como hijos de Dios. Por esta razón, como hemos dicho, necesitamos volver espiritualmente a Nazaret, escuela de los hijos de Dios, escuela de amor. Toda la Iglesia debe bajar a Nazaret, como hizo Jesús, para crecer en estatura, sabiduría y gracia ante Dios y los hombres (cf. Lc 2,40.52). Allí recibimos otro regalo del Señor: la paternidad de san José (pero este es otro tema que excede el objetivo de nuestra novena).

Bajar a Nazaret con la Sagrada Familia después de la consagración a la Virgen es empezar a hacer crecer nuestra vida de gracia como una semilla que debe dar fruto. Allí aprendemos de la Virgen y san José a orar, a estar unidos a Jesús y a ofrecernos a Él y con Él por la redención del mundo. No se trata de hacer nada especial, sino de vivir nuestra vida unidos a Jesús, abrazando los sacrificios que conlleve la fidelidad a la fe en nuestra vida cristiana o los que nos pida el Señor en su seguimiento.

En Nazaret también somos instruidos para saber llevar con alegría el Evangelio a los hermanos, como la Virgen en la Visitación. Necesitamos ser formados para saber servir a los hermanos, es decir, para dar la vida por ellos (cf. Mt 20,28), y poder amarnos unos a otros como Él nos ha amado, lavándonos mutuamente los pies (cf. Jn 13,15.34).

No podemos cerrarnos en nosotros mismos, ni en nuestras debilidades. Muchas heridas no sanarán mientras no nos convenzamos y comencemos a vivir la locura de la caridad hacia los hermanos. Solo la caridad cubre la multitud de los pecados (cf. 1Pe 4,8), solo cura el amor. San Maximiliano, el loco de la Inmaculada, es un ejemplo de ello: él entregó su vida por un preso al que no conocía en el campo de concentración de Auschwitz. Aquel preso sobrevivió porque san Maximiliano se entregó. Por eso, es también "mártir de la caridad". Hay muchas vidas que dependen de nuestra entrega. La salvación de muchos depende de la entrega de unos pocos.

Y una última cosa. Es verdad que allí, en Nazaret, podrán volver los recuerdos de la antigua vida de pecado, el enemigo nos tentará. Pero solo en la vida de fe con la Sagrada Familia, recibiremos la plena curación del corazón haciendo posible que las heridas que nos dejó nuestra historia brillen transformadas por la gracia, como un signo de la misericordia y del poder de Dios. En la Eucaristía, toda la vida de Jesús estará delante de toda nuestra vida. Y allí, también toda mi vida quedará "hundida", entregada, a través de la Virgen en el Corazón misericordioso de Jesús. No olvides que, al consagrarte, también entregas a la Inmaculada tu corazón herido, tus miserias, tu pasado, para que Ella se ocupe de transformarlas para gloria de Dios. Ya nos son tuyas, se las has dado, déjalas en su Corazón Inmaculado. Recuerda que Ella es Madre y es Reina, y "más Madre que Reina", como diría santa Teresita. Es tiempo de trabajar y confiar, o de trabajar confiando: Él hace nuevas todas las cosas (cf. Ap 21,5).

María es la Estrella que ilumina y guía tu camino en medio de la oscuridad. Tus heridas no podrán ocultar la luz del amor de Dios que brilla para sus hijos a través de la Inmaculada, Estrella que devuelve la esperanza. Sí, como dijo en Fátima, al final, su Inmaculado Corazón triunfará en tu vida y en la historia (palabras en la aparición del 13 de julio). ¡No tengas miedo!

Toda esta reflexión deja clara la vinculación entre Jesús y María, la Inmaculada y la Eucaristía. Son muchos los santos que han hablado de esta relación. Por ejemplo, a santa Beatriz de Silva se le apareció la Inmaculada con el Niño en brazos para anunciarle su liberación cuando la reina la encerró en un baúl; allí recibió la petición de fundar una Orden religiosa en honor de la Inmaculada Concepción, familia religiosa que, siguiendo el ejemplo de su fundadora, destaca por su amor a la Inmaculada y a la Eucaristía. O también san Manuel González, obispo de los Sagrarios abandonados, que en muchas de sus bellas y sencillas páginas habla de estos dos amores, Jesús y María. O, como el Señor le hizo notar a san Juan Bosco en uno de sus famosos sueños: la nave de la Iglesia o de tu alma estará zarandeada por un mar tempestuoso, pero no se hundirá si está amarrada a estas dos columnas: Jesús y María, Jesús Eucaristía y la Inmaculada.

Consagrarse a María es unirse más a Jesús Eucaristía. Estos dos amores van unidos. ¿Cómo es tu vivencia de este sacramento? Es un buen momento para plantearnos cómo vivimos la Misa y nuestro compromiso con Él en este sacramento. Jesús vivo nos invita también a estar con Él, el "Amigo verdadero", como diría santa Teresa, que desea abrirnos su Corazón y estar con nosotros en trato de amistad.

PALABRAS DE LOS SANTOS

San Bernardo, Abad de Claraval
Sermón II. Excelencias de la Virgen Madre, 17

Y el nombre de la Virgen era María. Digamos también, acerca de este nombre, que significa estrella de la mar, y se adapta a la Virgen madre con la mayor proporción. Se compara María oportunísimamente a la estrella; porque, así como la estrella despide el rayo de su luz sin corrupción de sí misma, así, sin lesión suya, dio a luz la Virgen a su hijo. Ni el rayo disminuye a la estrella su claridad, ni el hijo a la Virgen su integridad. Ella, pues, es aquella noble estrella nacida de Jacob, cuyos rayos iluminan todo el orbe, cuyo esplendor brilla en las alturas y penetra los abismos; y, alumbrando también a la tierra y calentando más bien los corazones de los cuerpos, fomenta las virtudes y consume los vicios. Esta misma, repito, es la esclarecida y singular estrella, elevada por necesarias causas sobre este mar grande y espacioso, brillando en méritos, ilustrando en ejemplos.

¡Oh! cualquiera que seas el que en la impetuosa corriente de este siglo te miras, más antes fluctuar entre borrascas y tempestades, que andar por la tierra, no apartes los ojos del resplandor de esta estrella, si quieres no ser oprimido de las borrascas.

Si se levantan los vientos de las tentaciones, si tropiezas en los escollos de las tribulaciones, mira a la estrella, llama a María. Si eres agitado de las ondas de la soberbia, si de la detracción, si de la ambición, si de la emulación, mira a la estrella, llama a María. Si la ira, o la avaricia, o el deleite carnal impelen violentamente la navecilla de tu alma, mira a María. Si, turbado a la memoria de la enormidad de tus crímenes, confuso a la vista de la fealdad de tu conciencia, aterrado a la idea del horror del juicio, comienzas a ser sumido en la sima sin suelo de la tristeza, en el abismo de la desesperación, piensa en María. En los peligros, en las angustias, en las dudas, piensa en María, invoca a María.

No se aparte María de tu boca, no se aparte de tu corazón; y para conseguir los sufragios de su intercesión, no te desvíes de los ejemplos de su virtud. No te descaminarás si la sigues, no desesperarás si la ruegas, no te perderás si en ella piensas. Si ella te tiene de su mano, no caerás; si te protege, nada tendrás que temer; no te fatigarás, si es tu guía; llegarás felizmente al puerto, si ella te ampara; y así, en ti mismo experimentarás con cuánta razón se dijo: *Y el nombre de la Virgen era María.* Pero ya debemos pausar un poco, no sea que miremos solo de paso la claridad de tanta luz. Pues, por usar las palabras del evangelista: *Bueno es que nos detengamos aquí*; y da gusto contemplar dulcemente en el silencio lo que no basta a explicar la pluma laboriosa.

DÍA 9º

Hch 1, 4-5.12.14; 2,1-4: *Pentecostés*

Les ordenó que no se alejaran de Jerusalén, sino "aguardad que se cumpla la promesa del Padre, de la que me habéis oído hablar, porque Juan bautizó con agua, pero vosotros seréis bautizados con Espíritu Santo dentro de no muchos días". Entonces se volvieron a Jerusalén, desde el monte que llaman de los Olivos, que dista de Jerusalén lo que se permite caminar en sábado. Todos ellos perseveraban unánimes en la oración, junto con algunas mujeres y María, la madre de Jesús, y con sus hermanos.

Al cumplirse el día de Pentecostés, estaban todos juntos en el mismo lugar. De repente, se produjo desde el cielo un estruendo, como de viento que soplaba fuertemente, y llenó toda la casa donde se encontraban sentados. Vieron aparecer unas lenguas, como llamaradas, que se dividían, posándose encima de cada uno de ellos. Se llenaron todos de Espíritu Santo y empezaron a hablar en otras lenguas, según el Espíritu les concedía manifestarse.

Con María, a la Misión

En la Cruz, Jesús nos dio todo, a la Virgen y al Espíritu Santo: "He ahí a tu Madre" y "Entregó el Espíritu". Jesús dejó al apóstol con María, dejó a toda la Iglesia naciente con la Virgen en la espera de un nuevo Pentecostés. Podríamos decir que en Pentecostés se realiza lo que san Luis María dice de la esclavitud mariana: toda la Iglesia está con María, en María y por María esperando la venida de Cristo Resucitado que nos comunica al Espíritu Santo. De ahí que también tenga sentido vivir para María. Sí, todo para "gloria de la Inmaculada", como tanto le gustaba decir a san Maximiliano, porque es Ella, la Inmaculada, la que nos prepara para recibir ese regalo: "Recibid el Espíritu Santo", el sello que quedó grabado en el bautismo y la confirmación y que restaurará el corazón herido. Él nos encenderá para purificar con su fuego e iluminar con su luz, para refrescar con su soplo y fecundar con el agua nuestra vida. Se convertirá así en el surtidor de agua que salta hasta la vida eterna y que nos impulsa a una nueva evangelización. No podemos guardar este tesoro para nosotros. Es un tesoro que llevamos en vasijas de barro (cf. 2Co 4,7), pero que crece y debe desbordarse para los hermanos. Unidos a Jesús daremos mucho fruto (cf. Jn 15,8.16).

La consagración a la Inmaculada supone un renacer de la vida cristiana. Con Ella "volvemos a casa", a la Iglesia, donde recibimos constantemente al Espíritu Santo Creador que renueva y embellece, que colma de amor formando en nosotros un corazón semejante al de Jesús, el Hijo amado del Padre. Por eso, la consagración nos devuelve a vivir en la Iglesia, donde recibimos los sacramentos de Jesucristo, especialmente la Penitencia y la Eucaristía. No hay fe sin Iglesia. Y la fe se vive en la Iglesia, donde nace y crece hasta la plenitud, la comunión con Dios Trinidad en el Cielo.

La fe es el tesoro que necesitamos descubrir y hacer fructificar en la Iglesia, en la Parroquia, en el grupo apostólico. Allí seguirá creciendo nuestra vida cristiana, al igual que la vida de Jesús creció en Nazaret. En la Iglesia se renueva el misterio de Nazaret. La Iglesia es la Madre en la que todos pueden encontrar una familia, un hogar, donde crecer y experimentar la curación del corazón y el crecimiento interior. Nadie es engendrado, ni nace, ni crece solo. Necesitamos de la Iglesia. ¿Quién anunciará a los que se sienten solos que en la Iglesia está el hogar que esperan y necesitan? Hagamos de nuestras comunidades de fe hogares de caridad.

Y este tesoro debe fructificar no solo en nosotros. La redención debe extenderse en nosotros y hacia fuera. Son muchos los que todavía no han descubierto el inmenso regalo del amor de Dios: Jesucristo y su Reino, que vienen por el reinado de la Inmaculada. Amar a Cristo es también amar a los que Él ama, ayudándoles a alcanzar la salvación. Es más, la redención no alcanzará todas las dimensiones de la propia vida si no nos "olvidamos de nosotros" para entregarnos a Cristo en los hermanos. Es una sabia locura: la caridad que nos lleva al amor de Dios y los hermanos.

Ahora comprendemos por qué la consagración nos impulsa a la misión de seguir conquistando almas para el Reino de Cristo a través de la Inmaculada: no solo es nuestra salvación y santificación, se trata también de la felicidad eterna de los hermanos. Sí, al consagrarte comienzas a pertenecer a la Milicia de la Inmaculada, comienzas a militar bajo su bandera para llevar el amor de Jesucristo y su salvación a todas las almas. En nuestra pobreza y debilidad, en nuestra pequeñez, como diría santa Teresita, estamos llamados a ofrecernos por la redención del mundo y la gloria de Dios. Así que, ¡anunciemos a la Inmaculada! Ella conquistará todos los corazones y los preparará para presentarlos al Rey eterno.

Dicho con otras palabras: "todo redimido por Cristo está llamado a ser redentor con Cristo", como diría el P. Luis María Mendizábal, S.J. Jesús nos salva y nos llama como amigos a colaborar con Él en la redención del mundo, con la entrega de nuestra vida y con nuestra oración, según nuestra vocación personal. Es importante preguntar al Señor cuál es nuestra misión, qué nos pide a cada uno. Cada uno tenemos una misión concreta: ser "buen samaritano" y "víctima de amor" con nuestra oración y vida entregada según el querer de Dios. La consagración a la Inmaculada supone la total pertenencia a la Virgen para descubrir, vivir y llevar a la perfección la misión personal para la que Dios nos ha destinado a cada uno. Para que nuestra vida sea irradiación del amor de Jesucristo. Con Ella será más fácil.

Estás llamado a ser el fiel caballero que lleve el nombre de María escrito en el alma, el testigo que proclame con obras y palabras el nombre de la Virgen para extender el Reino de Cristo, la civilización del amor, para gloria de Dios y salvación de las almas. ¡Gloria a Dios y a la Inmaculada!

PALABRAS DE LOS SANTOS

San Luis María Grignon de Montfort
Tratado de la Verdadera Devoción, 213-225

Efectos maravillosos de esta devoción

Persuadíos de que si sois fieles a las prácticas interiores y exteriores de esta devoción, que os voy a marcar a continuación, tendrán lugar los efectos siguientes:

Efecto 1º. El Espíritu Santo os dará por María, su amada Esposa, luz para conocer lo malo de vuestro fondo, vuestra corrupción y vuestra incapacidad para todo bien, si Dios no es su principio, como autor de la naturaleza y de la gracia, y por consecuencia de este conocimiento os despreciaréis y no pensaréis en vosotros sino con horror. En fin, la humilde María os hará partícipes de su profunda humildad, la que os hará, despreciándoos, que no despreciéis a nadie y deseéis que os menosprecien.

Efecto 2º. La Santísima Virgen os dará parte de su fe, que fue sobre la tierra más grande que la fe de todos los patriarcas, de los profetas, de los apóstoles y de todos los Santos (…).

Efecto 3º. Esta Madre del Amor hermoso quitará de vuestro corazón todo escrúpulo, todo temor servil y desarreglado; lo abrirá para que corráis por el camino de los mandamientos de su Hijo con la santa libertad de los hijos de Dios, y para introducir en el alma el puro amor cuyo tesoro tiene Ella. De modo que no os conduciréis, como hasta ahora, para con el Dios de caridad con temor, sino el amor más desinteresado. Le miraréis como a vuestro buen Padre, a quien procuraréis agradar siempre, con quien conversaréis confiadamente como un hijo con su tierno padre (…).

Efecto 4º. La Santísima Virgen os llenará de una gran confianza en Dios y en Ella misma porque ya no os acercaréis a Jesucristo por vosotros mismos, sino por medio de esta buena Madre; porque habiéndole dado todos vuestros méritos, gracias y satisfacciones para que disponga de ellos a su gusto, Ella os comunicará sus virtudes, y os vestirá con sus méritos (…); porque habiéndoos dado a Ella enteramente en cuerpo y alma, María, cuya liberalidad es incomparable, no se dejará vencer en generosidad, y se os dará, en cambio, de una manera maravillosa pero verdadera (…).

Efecto 5º. El alma de la Santísima Virgen se os comunicará para glorificar al Señor. Su espíritu entrará en el lugar del vuestro, para regocijarse en Dios, su Salvador, siempre que seáis fieles a las prácticas de esta devoción (…).

Efecto 6º. Si cultivamos bien a María, que es el árbol de la vida en nuestra alma, siguiendo con fidelidad la práctica de esta devoción, Ella dará su fruto en su tiempo, y este fruto suyo es Jesucristo (…).

Efecto 7º. Por medio de esta práctica, fidelísimamente observada, daréis a Jesucristo más gloria en un mes que de ninguna otra manera, por más difícil que sea, en muchísimos años (…).

San Luis María Grignon de Montfort
Tratado de la Verdadera Devoción, 264

Es menester permanecer en el Corazón de María con complacencia, reposar en él en paz, apoyarse en él con confianza, esconderse en él para seguridad, y darse a él sin reserva, a fin de que en este virginal seno el alma sea bien alimentada con la leche de su gracia y de su misericordia maternal; se despoje de las turbaciones, temores y escrúpulos y se ponga en seguridad contra todos sus enemigos: el mundo, el demonio y el pecado que jamás han estado allí. Por esto dice, que los que obran con ella no pecarán: "Los que están conmigo no pecarán"; es decir, aquellos que están en espíritu con la Santísima Virgen no pecarán. Finalmente, para que ella se forme en Jesucristo y a Jesucristo en ella; porque su seno es, como dicen los Santos Padres, la sala de los sacramentos divinos en donde se han formado Jesucristo y todos los elegidos: "El Hombre y el hombre en ella nacieron".

Oraciones

INVOCACIONES AL ESPÍRITU SANTO

VENI CREATOR

Ven, oh Espíritu Creador, / visita las almas de tus fieles / y colma de tu gracia divina / los corazones que Tú has creado. / Tú eres nuestro Paráclito, / Don de Dios Altísimo, / Fuente viva, Fuego, / Amor y Unción espiritual. / Tú derramas sobre nosotros tus siete dones. / Tú, el Dedo de la diestra de Dios, / Tú, solemne Promesa del Padre, / que pones en nuestros labios el tesoro de tu Palabra. / Enciende con tu luz nuestros sentidos, / infunde tu Amor en nuestro corazón / y conforta con tu auxilio continuo / la flaqueza de nuestra carne. / Aleja de nosotros al Enemigo, / y danos pronto la paz, / y, siendo Tú mismo nuestro Guía, / evitaremos todo mal; / Que por ti conozcamos al Padre, / y al Hijo Resucitado, / y creamos siempre en Ti, / que, procediendo de ambos, / eres su Espíritu. **Amén.**

Ant. Ven, Espíritu Santo, llena los corazones de tus fieles y enciende en ellos el fuego de tu amor.

V./ Envía tu Espíritu y todo será creado.

R./ Y renovarás la faz de la tierra.

Oremos. Oh Dios que has iluminado el corazón de tus hijos con la luz del Espíritu Santo, haznos dóciles a tu Espíritu para gustar siempre el bien y gozar de su consuelo. Por Jesucristo nuestro Señor. **Amén.**

SECUENCIA DE PENTECOSTÉS

Ven Espíritu Divino, / manda tu luz desde el cielo, / Padre amoroso del pobre; / don en tus dones espléndido; / luz que penetra las almas; / fuente del mayor consuelo. / Ven, dulce huésped del alma, / descanso de nuestro esfuerzo, / tregua en el duro trabajo, / brisa en las horas de fuego, / gozo que enjuga las lágrimas / y reconforta en los duelos. / Entra hasta el fondo del alma, / divina luz y enriquécenos. / Mira el vacío del hombre / si Tú le faltas por dentro; / mira el poder del pecado / cuando no envías tu aliento. / Riega la tierra en sequía, / sana el corazón enfermo, / lava las manchas, infunde / calor de vida en el hielo, / doma el espíritu indómito, / guía al que tuerce el sendero. / Reparte tus Siete Dones / según la fe de tus siervos. / Por tu bondad y tu gracia / dale al esfuerzo su mérito; / salva al que busca salvarse / y danos tu gozo eterno. **Amén.**

Ant. Ven, Espíritu Santo, llena los corazones de tus fieles y enciende en ellos el fuego de tu amor.

V./ Envía tu Espíritu y todo será creado.

R./ Y renovarás la faz de la tierra.

Oremos. Oh Dios que has iluminado el corazón de tus hijos con la luz del Espíritu Santo, haznos dóciles a tu Espíritu para gustar siempre el bien y gozar de su consuelo. Por Jesucristo nuestro Señor. **Amén.**

INVOCACIONES A LA VIRGEN MARÍA

AVE MARIS STELLA

Salve, Estrella del mar, / Madre venerable de Dios / y siempre Virgen, / Feliz puerta del Cielo. / Pues recibiste aquel "Ave" el saludo de Gabriel, / afiánzanos en la paz, / cambiando el nombre de Eva. / Desata las cadenas a los reos, / procura la luz a los ciegos, / expulsando nuestros males, / alcánzanos todos los bienes. / Muestra que eres Madre, / que reciba de Ti nuestras preces / el que por nosotros nació / y quiso ser Tuyo. / Oh Virgen singular, / entre todas humilde, / libres ya de las culpas, haznos humildes y castos. / Concédenos una vida pura, / prepáranos una senda segura, / para que, viendo a Jesús, / siempre nos gocemos. / Alabemos a Dios Padre, / glorifiquemos a Cristo / y al Espíritu Santo: / a los Tres un mismo honor. **Amén.**

MAGNÍFICAT

Proclama mi alma / la grandeza del Señor, / se alegra mi espíritu / en Dios, mi salvador; / porque ha mirado / la humildad de su esclava. / Desde ahora me felicitarán

/ todas las generaciones, / porque el Poderoso ha hecho / obras grandes por mí: / su nombre es santo, / y su misericordia llega a sus fieles / de generación en generación. / Él hace proezas con su brazo: / dispersa a los soberbios de corazón, / derriba del trono a los poderosos / y enaltece a los humildes, / a los hambrientos los colma de bienes / y a los ricos los despide vacíos. / Auxilia a Israel, su siervo, / acordándose de la misericordia / –como lo había prometido / a nuestros padres– / en favor de Abrahán / y su descendencia por siempre. / Gloria al Padre, y al Hijo, / y al Espíritu Santo; / como era en el principio, / ahora y siempre, / por los siglos de los siglos. **Amén.**

ALABANZAS A LA INMACULADA

V./ Toda hermosa eres María.

R./ Toda hermosa eres María.

V./ Y mancha original no hay en Ti.

R./ Y mancha original no hay en Ti.

V./ Tú eres la gloria de Jerusalén.

R./ Tú la alegría de Israel.

V./ Tú la honra de nuestro pueblo.

R./ Tú la Abogada de los pecadores.

V./ Oh, María.

R./ Oh, María.

V./ Virgen prudentísima.

R./ Madre clementísima.

V./ Ruega por nosotros.

R./ Intercede por nosotros ante nuestro Señor Jesucristo.

V./ Tu inmaculada concepción, oh Virgen Madre de Dios.

R./ Anunció la alegría al mundo entero.

Oremos. Oh Dios que por la Concepción Inmaculada de la Virgen preparaste a tu Hijo una digna morada y, en previsión de la muerte de tu Hijo, la preservaste de todo pecado, concédenos, por su intercesión, llegar a Ti limpios de todas nuestras culpas. Por Jesucristo Nuestro Señor.

Ant. "Oh María, sin pecado concebida, rogad por nosotros que recurrimos a Vos".

V./ Ave María purísima.

R./ Sin pecado concebida.

CONSAGRACIÓN A LA VIRGEN MARÍA

Al finalizar la Novena de preparación, o durante la misma, se recomienda una buena confesión. Sería oportuno realizar nuestra consagración preferentemente dentro de la Misa y utilizando alguna de las fórmulas aquí propuestas u otra que se escribiera de forma personal. Es conveniente que un sacerdote nos bendijera e impusiera una medalla como signo de la consagración después de recitarla. Puede ser una medalla de la Inmaculada, una medalla milagrosa o también una medalla escapulario.

Consagración a la Inmaculada
(San Maximiliano María Kolbe)

Oh Inmaculada, Reina del cielo y de la tierra, / refugio de los pecadores / y Madre nuestra muy amada, / a quien Dios confió / toda la economía de la misericordia. / Yo N., pecador indigno, / me postro a tus pies, / suplicándote humildemente / me aceptes totalmente / como cosa y propiedad tuya / y hagas lo que quieras de mí / y de todas las facultades / de mi alma y de mi cuerpo, / de mi vida, muerte y eternidad. / Dispón también, si lo deseas, / de todo mi ser sin reserva alguna, / para conseguir lo que se dijo de Ti: / "Ella te aplastará la cabeza", / así como: "Tú sola has destruido / todas las herejías en todo el mundo", / para que en tus manos / inmaculadas y misericordiosas / yo llegue a ser un instrumento útil / para introducir e incrementar / lo más posible tu gloria / en tantas almas extraviadas e indiferentes / y para extender, cuanto sea posible, / el bendito Reino / del Sacratísimo Corazón de Jesús. / Donde Tú entras, oh Inmaculada, / obtienes las gracias / de la conversión y de la santificación, / ya que toda la gracia fluye, / a través de tus manos, / desde el Corazón dulcísimo de Jesús hasta nosotros. / Concédeme alabarte, oh Virgen Santa. / Dame fuerzas contra tus enemigos.

Consagración de sí mismo a Jesucristo, la Sabiduría encarnada, por medio de María
(San Luis María Grignon de Montfort)

¡Oh Sabiduría eterna y encarnada! ¡Oh amable y adorable Jesús, verdadero Dios y verdadero hombre, Hijo único del Padre Eterno y de María, siempre Virgen! Os adoro profundamente en el seno y en los esplendores de vuestro Padre, durante la eternidad, y en el seno virginal de María, vuestra dignísima Madre, en el tiempo de vuestra Encarnación.

Os doy gracias porque os habéis anonadado y tomado la forma de esclavo para sacarme de la cruel esclavitud del demonio.

Os alabo y glorifico porque os habéis sometido a María, vuestra Santa Madre, en todo, a fin de hacerme por Ella vuestro fiel esclavo. Pero ¡ay!, ingrato e infiel como soy, no he cumplido mis deberes, no he cumplido los votos y promesas que tan solemnemente hice en el bautismo, no he merecido ser llamado vuestro hijo ni vuestro esclavo; y como nada hay en mí que no merezca vuestra repulsa y vuestra cólera, no me atrevo a acercarme por mí mismo a vuestra Santísima y Augusta Majestad.

Por esto he recurrido a la intercesión de vuestra Santísima Madre, que Vos me habéis dado como mediadora ante Vos, y por este medio espero obtener de Vos la contrición y el perdón de mis pecados, la adquisición y la conservación de la Sabiduría.

Os saludo, ¡Oh Madre Inmaculada!, tabernáculo viviente de la Divinidad, en donde la Sabiduría eterna escondida quiere ser adorada por los ángeles y los hombres; os saludo, ¡Oh Reina del cielo y de la tierra!, a cuyo imperio está sometido todo lo que hay debajo de Dios. Os saludo, ¡Oh refugio seguro de los pecadores!, cuya misericordia no falta a nadie; escuchad los deseos que tengo de la divina Sabiduría y recibid para ello los votos y las ofrendas que mi bajeza os presenta.

Yo, N., pecador infiel, renuevo y ratifico hoy en vuestras manos los votos de mi bautismo. Renuncio para siempre a Satanás, a sus pompas y a sus obras, y me entrego enteramente a Jesucristo, Sabiduría encarnada, para llevar mi cruz tras Él, todos los días de mi vida; y a fin de que sea más fiel de lo que he sido hasta ahora, os escojo hoy, ¡Oh, María!, en presencia de toda la corte celestial, por mi Madre y Señora. Os entrego y consagro, en calidad de esclavo, mi cuerpo y mi alma, mis bienes interiores y exteriores, y aun el valor de mis buenas acciones pasadas, presentes y futuras, otorgándoos entero y pleno derecho de mí y de todo lo que me pertenece, sin excepción, a vuestro agrado, a la mayor gloria de Dios, en el tiempo y la eternidad.

Recibid, ¡Oh Virgen benignísima!, esta pequeña ofrenda de mi esclavitud, en honor y unión de la sumisión que la Sabiduría encarnada quiso observar para con vuestra Maternidad, en homenaje del poder que ambos tenéis sobre este pequeño gusano y miserable pecador, en acción de gracias por los privilegios con que os dotó la Santísima Trinidad. Protesto que en adelante quiero, como verdadero esclavo vuestro, procurar vuestra honra y obedeceros en todo.

¡Oh Madre admirable! Presentadme a vuestro Hijo en calidad de eterno esclavo, a fin de que, pues me rescató por Vos, me reciba de vuestras manos. ¡Oh Madre de misericordia!, concededme la gracia de alcanzar la verdadera sabiduría de Dios, y de colocarme, por tanto, entre los que Vos amáis, enseñáis, guiais, alimentáis y protegéis como a vuestros hijos y esclavos. ¡Oh Virgen fiel! Hacedme en todo tan perfecto discípulo, imitador y esclavo de la Sabiduría encarnada, Jesucristo, vuestro Hijo, que por vuestra intercesión llegue, a imitación vuestra, a la plenitud de la perfección sobre la tierra y de la gloria en los cielos. **Amén.**

Todo tuyo soy María
(San Juan Pablo II)

Virgen María, Madre mía, me consagro a ti / y confío en tus manos toda mi existencia. / Acepta mi pasado con todo lo que fue. / Acepta mi presente con todo lo que es. / Acepta mi futuro con todo lo que será. / Con esta total consagración / te confío cuanto tengo y cuanto soy, / todo lo que he recibido de Dios. / Te confío mi inteligencia, / mi voluntad, mi corazón. / Deposito en tus manos mi libertad; / mis ansias y mis temores; / mis esperanzas y mis deseos; / mis tristezas y mis alegrías. / Custodia mi vida y todos mis actos / para que le sea más fiel al Señor / y con tu ayuda alcance la Salvación. / Te confío ¡Oh María!, / mi cuerpo y mis sentidos / para que se conserven puros y me ayuden / en el ejercicio de las virtudes. / Te confío mi alma / para que Tú la preserves del mal. / Hazme partícipe de una santidad / igual a la tuya; / hazme conforme a Cristo, / ideal de mi vida. / Te confío mi entusiasmo y el ardor de mi vida, / para que tú me ayudes a no envejecer en la fe. /

Te confío mi capacidad y deseos de amar; / enséñame y ayúdame a amar / como Tú has amado, / y como Jesús quiere que se ame. / Te confío mis incertidumbres y angustias, / para que en tu corazón / yo encuentre seguridad, sostén y luz, / en cada instante de mi vida. / Con esta consagración / me comprometo a imitar tu vida. / Acepto las renuncias y sacrificios / que esta elección comporta, y te prometo, / con la gracia de Dios y con Tu ayuda, / ser fiel al compromiso asumido, / ¡Oh María!, / soberana de mi vida y de mi conducta, / dispón de mí y de todo lo que me pertenece, / para que camine siempre junto al Señor / bajo tu mirada de Madre. / ¡Oh María! / Soy todo tuyo y todo lo que poseo / te pertenece ahora y siempre. **Amén.**

Consagración a la Virgen Inmaculada Restauradora de corazones heridos
(Santiago Conde Gallego)

Madre Inmaculada, / Reina del Cielo y de la Tierra, / en presencia de los Santos Ángeles / y de Todos los Santos, / yo N., hijo de Dios, pecador indigno / (y sacerdote de Jesucristo), / me consagro a Ti / y te entrego del todo y para siempre / mi corazón herido, / con todas sus potencias y su humanidad, / con su pasado, en el presente / y hasta la eternidad; / lo pongo en tu Corazón

Inmaculado / para que lo restaures y preserves, / según el poder de la plenitud de la gracia / que se te ha concedido, / ya que, a Ti, Madre de Gracia, / se te ha confiado / la economía de la misericordia. / Edúcame en la virtud / y hazme crecer en gracia como a Jesús, / bajo la fiel custodia de tu esposo san José, / cuyo corazón formaste Tú. / Consérvame siempre / como un niño bajo tu manto: / pobre y alegre, pequeño e inocente; para poder entrar en el Reino de Cristo / y ser apóstol de su Sagrado Corazón / como buen samaritano y víctima de amor, / para gloria y alegría de tu Corazón, / mayor gloria de Dios, / salvación de las almas / y mi propia santificación. **Amén.**

Apéndice
Textos en latín

INVOCACIONES AL ESPÍRITU SANTO

VENI CREATOR

Veni, creator Spiritus, / mentes tuorum visita / imple superna gratia, / quae tu creasti, pectora. / Qui diceris Paraclitus, / Donum Dei altissimi, / Fons vivus, Ignis, Caritas / et spiritalis Unctio. / Tu septiformis munere, / dextrae Dei tu Digitus, / tu rite promissum Patris, / sermone ditans guttura. / Accende lumen sensibus, / infunde amorem cordibus, / infirma nostri corporis, / virtutem firmans perpeti. / Hostem repellas longius / pacemque dones protinus; / Ductore sic te praevio / Vitemus omne noxium. / Per te sciamus da Patrem / noscamus atque Filium, / te utriusque Spiritum / credamus omni tempore. **Amen.**

Ant. Veni, Sancte Spiritus, repletuorum corda fidelium, et tui amoris in eis ignem accende.

V./ Emmite Spiritum tuum et creabuntur.

R./ Et renovabis faciem terrae.

Oremus. Deus, qui corda fidelium Sancti Spiritus illustratione docuisti; da nobis in eodem Spiritu recta sapere; et de eius semper consolatione gaudere. Per Christum Dominum nostrum. **Amen.**

SECUENCIA DE PENTECOSTÉS

Veni, Sancte Spiritus, / et emitte caelitus, / lucis tuae radium. / Veni, pater pauperum, / veni, dator munerum, / veni, lumen cordium. / Consolator optime, / dulcis hospes animae, / dulce refrigerium. / In laborere quies, / in aestu temperies, / in fletu solacium. / O lux beatissima, / reple cordis intima / tuorum fidelium. / Sine tuo nomine, / nihil est in homine, / nihil est innoxium. / Lava quod est sordidum, / riga quod est aridum, / sana quod est saucium. / Flecte quod est rigidum, / fove quod est frigidum, / rege quod est devium. / Da tuis fidelibus, / in te confidentibus, / sacrum septenarium. / Da virtutis meritum / da salutis exitum, / da perenne gaudium.

Ant. Veni, Sancte Spiritus, repletuorum corda fidelium, et tui amoris in eis ignem accende.

V./ Emmite Spiritum tuum et creabuntur.

R./ Et renovabis faciem terrae.

Oremus. Deus, qui corda fidelium Sancti Spiritus illustratione docuisti; da nobis in eodem Spiritu recta sapere; et de eius semper consolatione gaudere. Per Christum Dominum nostrum. **Amen.**

INVOCACIONES A LA VIRGEN MARÍA

AVE MARIS STELLA

Ave, maris Stella / Dei Mater alma, / atque Semper Virgo, / felix coeli Porta. / Sumens illud «Ave» / Gabrielis ore, / funda nos in pace, / mutans Evae nomen. / Solve vincla reis, / profer lumen caecis, / mala nostra pelle, / bona cuncta posce. / Monstra te esse Matrem, / sumat per te precem / qui pro nobis natus / tulit esse Tuus. / Virgo singularis, / inter omnes mitis, / nos culpis solutos / mites fac et castos. / Vitam praesta puram, / iter para tutum, / ut videntes Iesum, / semper collaetemur. / Sit laus Deo Patri, / summo Christo decus, / Spiritui Sancto / honor, tribus unus. **Amen.**

MAGNÍFICAT

Magnificat anima mea Dominum, / et exultavit spiritus meus / in Deo salutari meo; / quia respexit humilitatem Ancillae suae, / ecce enim ex hoc beatam me dicent / omnes generationes. / Quia fecit mihi magna, / qui potens est: / et sanctum nomen eius, / et misericordia eius / a progenie in progenies / timentibus eum. / Fecit potentiam in bracchio suo, / dispersit superbos mente cordis sui, / deposuit potentes de sede, / et exaltavit humiles, / esurientes implevitbonis, / et divites dimisit inanes. / Suscepit Israel, puerum suum, / recordatus misericordiae suae, / sicut locutus est ad patres nostros, Abraham et semini eius in saecula. / Gloria Patri, et Filio, / et Spiritui Sancto. / Sicut erat in principio, / et nunc et semper, / et in saecula saeculorum. **Amen**.

ALABANZAS A LA INMACULADA

V./ Tota pulchra es, Maria.

R./ Tota pulchra es Maria.

V./ Et macula originalis non est in te.

R./ Et macula originalis non est in te.

V./ Tu gloria Jerusalem.

R./ Tu laetitia Israel.

V./ Tu honorificentia populi nostri.

R./ Tu advocata peccatorum.

V./ Oh, Maria

R./ Oh, Maria.

V./ Virgo prudentissima.

R./ Mater clementissima.

V./ Ora pro nobis.

R./ Intercede pro nobis ad Dominum Iesu Christum.

V./ Immaculata Conceptiotua, Dei Genitrix Virgo.

R./ Gaudium annuntiavit universo mundo.

Oremos.

Deus, qui per immaculatam Virginis Conceptionem dignum Filio tuo habitaculum praeparsti: quaesumus; ut, qui ex norte ejusdem Filii tui praevisa, eam ab omni labe praeservasti, nos quoque mundos ejus intercessione ad te pervenire concedas. Per eumdem Dominum nostrum Iesum Christum, Filium tuum, qui tecum vivit et regnat in unitate Spiritus Sancti, Deus, per omnia saecula saeculorum. Amen.

V./ Ave Maria purissima.

R./ Sine labe concepta.